烟雨东坡

白冰 题

烟雨东坡

Yanyu Dongpo

铜河 著

本书由乐山文化产业投资发展有限公司荣誉支持

四川大学出版社
SICHUAN UNIVERSITY PRESS

图书在版编目（CIP）数据

烟雨东坡 / 铜河著. -- 成都：四川大学出版社，2024.10. -- ISBN 978-7-5690-7305-8

Ⅰ. K825.6

中国国家版本馆 CIP 数据核字第 202493B1W2 号

书　　名：	烟雨东坡
	Yanyu Dongpo
著　　者：	铜　河

选题策划：龚娇梅　吴连英
责任编辑：吴连英
责任校对：孙明丽
装帧设计：何思影
责任印制：李金兰

出版发行：四川大学出版社有限责任公司
　　　　　地址：成都市一环路南一段 24 号（610065）
　　　　　电话：（028）85408311（发行部）、85400276（总编室）
　　　　　电子邮箱：scupress@vip.163.com
　　　　　网址：https://press.scu.edu.cn
印前制作：四川胜翔数码印务设计有限公司
印刷装订：成都市新都华兴印务有限公司

成品尺寸：130 mm×185 mm
印　　张：6
插　　页：2
字　　数：96 千字

版　　次：2025 年 2 月 第 1 版
印　　次：2025 年 2 月 第 1 次印刷
定　　价：39.00 元

本社图书如有印装质量问题，请联系发行部调换

版权所有 ◆ 侵权必究

四川大学出版社
微信公众号

扫码获取数字资源

序

泱泱中华纵横九万里，地大物博、美丽富饶；悠悠华夏文明五千载，薪火相传、灿烂辉煌。神州大地自古人才辈出，灿若星辰，各领风骚，而其中有这么一位千古文化奇人，名贯古今，享誉中外，流芳百世，令人难以忘怀，有口皆碑，至今还为世界不同国家、不同民族、不同肤色、不同文化的人所仰慕、崇敬和喜爱。

2000年，法国《世界报》组织评选过去一千年间全世界最具影响力的"千年英雄"，全球一共评出十二位。他赫然名列榜上，是唯一入选的中国人。国学大师林语堂先生在《苏东坡传》中曾高度赞誉和形容他"是人间不可无一难能有二的"。

他天赋异禀、才华横溢、学富五车。年仅二十二岁①，第一次参加科举考试，就高中进士、金榜题名，本来应一举夺魁，却阴差阳错，惜取第二名，着实令人惊叹。丁忧服母丧后，二十六岁的他参加了由宋仁宗亲自主持的制科考试②。他竟然破格入第三等，充分展示了一个旷世奇才的绝对实力，为宋朝开国以来百年第一人，一时名噪京城。宋仁宗欣喜若狂、激动不已，惊其为宰相之才！他出道即巅峰，踏进文坛就一鸣惊人！

他为天地立心，为生民立命，为往圣继绝学，为万世开太平！他是修身齐家、治国平天下，立德、立功、立言的时代楷模！他有安邦定国的家国情怀，有悲天悯人的济世情结，有仁义博爱的人文情愫，有为民请命的赤子情操！他高居庙堂则忧其

---

① 书中所涉及的年龄均依照虚岁的方式来进行计算。
② 制科考试：由皇帝亲自主持的一种特殊考试，目的在于选拔顶尖人才。在两宋三百多年的历史中，只举办过二十二次制科考试，录取的人数总共才四十一位，其中包括苏轼这样的著名文人。

序

民，远处江湖则忧其君，堪称中国传统士大夫的杰出代表和人格典范！

他才华冠绝、锋芒毕露，但从不懂低调隐忍。他正直善良，敢说敢为，因此树大招风，遭人嫉妒，但他反而收获了更多的友谊和朋友。上至皇帝太后，下至黎民百姓，莫不真心喜欢他，他是人气十足的万人迷。他特立独行、自成一格，经常引领潮流时尚，是当时的大众偶像。

他一生宦海沉浮，命运多舛，但提得起、放得下，坚韧顽强如同打不死的"小强"。春风得意时，短短十七个月，官级就由从八品的犯官之身"一路开挂"，如坐火箭般直升到从二品官，连升十二级，如日中天。失意落魄时，又被打回原形、跌至谷底，降成了地方民团的副职，差点被开除出公务员队伍。他从政四十年，三起三落，三处流放，遭受贬谪的时间长达十二年。他成为北宋时期被贬到大庾岭以南蛮荒瘴疠之地——岭南的内地官员之一。这还不算到头，他甚至被一贬再贬，直到孤悬海外、天涯海角的儋州。

他虽身处逆境、颠沛坎坷，甚至九死一生，但胸襟开阔、豁达坦荡、生性幽默，活得潇洒不羁，过得有滋有味，恨得迫害他的政敌咬牙切齿，但又无计可施。他把苦难炼成"且将新火试新茶，诗酒趁年华"的从容乐观，把挫折化作"人生如逆旅，我亦是行人"的豪放洒脱！他超凡脱俗、旷达豪迈，一点浩然气，千里快哉风！他是当之无愧的大勇之人！他曾说"天下有大勇者，卒然临之而不惊，无故加之而不怒，此其所挟持者甚大，而其志甚远也"[1]。

他兴趣广泛，涉猎多维，多才多艺，会通百家。在众多领域堪称大家、大师，系通才、奇才，是中国历史上不可多得的百科全书式的、复合型人才和文化巨人。他的文采"雄视百代，有文章以来，盖亦鲜矣"，倡百年文风，领千载风骚。在散文方面，他与欧阳修并称"欧苏"；在诗歌方面，他与黄庭坚并称"苏黄"；在词作方面，他与辛弃疾并称"苏辛"，而且首开词宗豪放一派；在书法方面，他被尊为"宋四家（苏黄米蔡）"之首。在

---

[1] ［宋］苏轼：《留侯论》。

穷困潦倒、家徒四壁时,他心如死灰、悲愤交加,在烟熏火燎、涕零泪下中信手涂鸦的一篇书稿竟成为绝世瑰宝,被誉为"天下第三行书"。在绘画方面,他是中国文人画的开创先锋。他笔下的枯木、怪石、瘦竹别具一格、虬曲苍劲,将书法与绘画完美融为一体,寓意写意,创立了著名的"湖州画派"。

他大笔如椽,著作等身,可谓儒家集大成者。在六十四年的短暂生命历程中,他留下了2700多首诗、300多首词、4800多篇文章,总计8000多篇、20余万字,数量之多、作品之巨,惊为天人!他涉猎书法、绘画、医学、古董、发明等多领域,宽维度、广视角、大纵深,造诣深厚,触类旁通,堪称出类拔萃、凤毛麟角,难以复制、无与伦比!他是著名的发明家、建筑师、工程师、音乐家、艺术家和养生家。他一生还附带贡献了"雪泥鸿爪""河东狮吼"等数十个典故成语,对中华成语和文学的丰富充实及繁荣兴旺功不可没!他还是个资深吃货和超级美食家,在百花齐放、博大精深的中国菜系中与他有关而命名的菜品就有66种之多,不愧为舌尖上的传奇。

只有你想不到，没有他做不到！

他是谁？他应该是谁？他究竟是谁？他还能是谁？

——他就是苏轼，苏东坡！

苏轼，宋朝著名的政治家、文学家、哲学家、思想家、画家和书法家，为北宋中期文坛领袖，全科的艺术巨匠，有"诗神""词圣"的美誉。苏轼不仅是"诗神"，也是人，是一个鲜活的人、立体的人、有血有肉的人、有情有义的人。宋神宗赞誉他"才与李白同，识比李白厚"。怪不得诗人余光中会说，如果选一位旅行伙伴，他既不选择没有现实感的李白，也不选择恐怕太严肃的杜甫，"苏东坡就很好，他可以做一个很好的朋友，因为他真的是一个很有趣的人"。与屈原比，苏轼多了一分豁达，少了几分孤愤；与陶潜比，苏轼多了一分烟火，少了几分清高；与李白比，苏轼多了一分亲和，少了几分狂傲；与杜甫比，苏轼多了一分乐观，少了几分沉郁；与程朱比，苏轼多了一分人情，少了几分迂腐。

序

　　苏东坡不仅在中国具有崇高的地位和深远的影响，而且超越了历史，飞越了国界，跨越了人种，在国际上拥有众多的粉丝。在日本，苏东坡的影响力延续至今，历久弥新。日本当代诗人、东坡文化研究学者山上次郎在其《苏东坡寻迹》一书中写道："苏东坡具有崇高的人格和优美的诗歌，并兼仙风道骨。"在韩国，苏东坡的影响力跨越千年，他被奉为韩国文学史上地位最高的中国人。

　　今天让我们一起来探寻和解码苏东坡跌宕起伏、波澜壮阔，有趣有味、丰富多彩的传奇人生吧！

目 录

旷世奇才　一鸣惊人　/ 001

初涉官场　春风得意　/ 029

反对变法　惹火烧身　/ 047

折戟湖州　乌台冤狱　/ 071

黄州涅槃　东坡出世　/ 085

东山再起　京华春梦　/ 117

急流勇退　浮萍小舟　/ 129

一蓑烟雨　江海余生　/ 143

附　录　/ 169
　　一、苏东坡人生行迹图　/ 171
　　二、与苏东坡有关的66道经典美食　/ 172
　　三、与苏东坡有关的32个成语　/ 175
　　四、苏东坡经典诗词50处金句　/ 177

旷世奇才 一鸣惊人

旷世奇才　一鸣惊人

四川号称"天府之国",物华天宝,人杰地灵。从省会成都沿岷江向西南顺流而下约一百三十公里,便到了拥有乐山大佛和中国佛教四大名山之一峨眉山,号称"天下山水之观在蜀,蜀之胜曰嘉州"的古嘉州。在成都和嘉州两地之间有一个必经之地——眉州①。眉州千里平畴,岷江依偎,是鱼米之乡,山川秀美。苏辙曾赞美家乡"清江入城郭,小浦生微澜"。

在美丽的眉州城内的繁华路段纱縠巷,矗立着一座典型川南民居风格、气势雄伟的苏家老宅。老屋占地五亩多,有房十余间,院内树木成荫,鸟语花香,还有一座美丽的花园和一方幽静的小池塘。宋仁宗景祐三年十二月十九日(1037年1月8日),在这座古朴的小院里,一个婴儿诞生了,他发出了一声酝酿已久、清脆响亮的啼哭。这一声余

---

① 眉州:现为四川省眉山市。眉山介于岷峨之间,因位于峨眉山阴,故而得名眉山。原隶属于古嘉州(今乐山市),1997年设立眉山地区,2000年撤地建市。所以苏轼一直把眉州、嘉州都当作自己的家乡,而乐山、眉山的父老乡亲也始终把苏轼当作自家人。

音绕梁,划破天际,注定在中国文化历史上不同凡响!传说在这一年,眉州境内有一座原本郁郁葱葱的彭老山,不知为何一夜之间花草凋零、树木枯萎,由是民间便广为流传"眉山出三苏,草木为之枯"的说法。

三苏祠大门

父亲苏洵对这个儿子的降临,欣喜若狂。望子成龙的他,郑重地为儿子取名为"轼"。后来苏洵在《名二子说》中专门作了详尽解释:"轮辐盖轸,皆有职乎车,而轼独若无所为者。虽然,去轼则吾未见其为完车也。轼乎,吾惧汝之不外饰也。"

"轼"原为车厢前供人靠倚的横木,虽用处不大,却不可或缺。父亲希望他虽默默无闻,但能为他人作贡献,不可替代!三年之后,他为新出生的第二个儿子、苏轼的兄弟取名为"辙",意思是车子压过的痕迹,可以给人指路。苏洵还特别说明:"是辙者,善处乎祸福之间也。辙乎,吾知免矣。"兄弟俩的性格、处事、人生和命运似乎从名字中就蕴含着某种预兆,冥冥之中其实恐怕早已注定,以后兄弟俩的人生轨迹无不灵验地得以印证,足见苏洵的良苦用心、深谋远虑!

三苏祠小景

苏家是初唐宰相苏味道后裔，眉州城内的殷实人家。父亲苏洵，即《三字经》中提到的"二十七，始发奋"励志模范苏老泉。苏洵禀赋颖异，思想独立，桀骜不驯，反对传统的私塾模式，成为抵制科举教育内卷的先锋。他整日不思攻读，喜好交际，四处游历，令老苏家头疼。但苏轼出生后，他幡然悔悟，浪子回头，发愤苦读，潜心学问。同时以身作则，督促指导苏轼兄弟学习。他严谨治学，刻苦钻研，厚积薄发，大器晚成，终成大家，青史留名。尤其是其文名居然没有被两个才高八斗的天才儿子所掩盖，实属不易。他擅长散文，尤长政论文章，议论明畅，笔势雄健，与其子苏轼、苏辙并称为"三苏"，均被列入"唐宋八大家"荣誉榜。欧阳修称赞其"伟欤明允，大发于文。亦既有文，而又有子。其存不朽，其嗣弥昌"[1]。苏洵不仅道德文章出众，而且教子有方，传为文坛千古佳话。"一门三父子，都是大文豪。诗赋传千古，峨眉共比高。"眉山"三苏"光耀千秋，彪炳史册！

---

① ［宋］欧阳修：《故霸州文安县主簿苏君之墓》。

苏轼母亲程氏为眉山富豪、官居大理寺丞的程文应之女，十八岁时，嫁与苏洵为妻。苏程两家为眉山名门望族。程氏乃书香门第的大家闺秀，知书达理，相夫教子，是一位典型的贤妻良母。她亲授苏轼兄弟诗书，言传身教，成为两兄弟人生的第一任老师。

苏轼八岁时就和弟弟苏辙一起到家乡的天庆观读书，接受启蒙教育。启蒙老师张易简不仅饱读经书，擅长琴棋书画，而且还精修道教，颇有造诣，是享誉蜀地儒、道两家的名士。小苏轼尊敬师长，聪明好学，讨人喜爱，故张先生有心栽培，倾囊相授。近朱者赤，耳濡目染，因此苏轼从小不仅喜好"四书五经"，而且对道教也充满好奇，成年后经常游山访观，坐而论道，甚至还兴致勃发、乐此不疲地养身、修道和炼丹，这也为他日后成为中国历史上精通儒释道的一代宗师奠定了坚实的基础。

苏轼很喜欢看《后汉书》，特别是在读《范滂传》时，母亲讲到范滂举孝廉出身，符合光禄四行①，一生不畏奸佞、反贪治腐，后因党锢之祸，年仅三十三岁就舍生取义。小苏轼读后热血沸腾，拍案叫绝，对母亲说："娘，我长大之后也要做范滂那样的人！"母亲欣喜地回答道："好！吾儿能这样想，为娘很高兴！"从此苏轼牢记初心，不忘理想，一生光明磊落、坦坦荡荡，践行了自己的铮铮誓言。

苏轼和弟弟苏辙从小一起长大，一同读书，他们不仅是亲密无间的兄弟，更是共同成长进步的益友，正如苏轼在《初别子由》中所写，"*我少知子由，天资和且清……岂独为吾弟，要是贤友生*"。兄弟俩堪称旷世奇才、绝代双骄，在波谲云诡、腥风血雨的政治生涯中，风雨同舟、肝胆相照。兄弟俩活透了人间的真情、活出了人生的精彩、活成了世间的传奇！

苏轼在天庆观日渐长进。十岁时，苏洵曾叫他

---

① 光禄四行是指汉朝光禄勋选官时，以敦厚、质朴、逊让、节俭四项品行作标准。

作《夏侯太初论》。苏轼提笔而就,一气呵成,竟写出了"*人能碎千金之璧,不能无失声于破釜;能搏猛虎,不能无变色于蜂虿*"[①] 的佳句。这句话寓意人们虽能经得起大风大浪,但也有可能在阴沟里翻船。十岁幼童居然有此深邃思想和人生感悟,简直令人难以置信,举座皆惊。

苏轼十二岁时,在老宅院里的空地上和一群小伙伴挖地玩,偶然捡到一块奇石,形状像鱼儿,外表温润晶莹,呈浅绿色,点缀着细小的银星,轻轻叩击还能发出铿锵悦耳的声音。小苏轼爱不释手,把它用作砚台,发现其虽然发墨容易,但遗憾的是贮水洼凼太浅,于是很无奈地找到父亲。苏洵仔细端详后,却高兴地对苏轼说:"*是天砚也。有砚之德,而不足于形耳。*"[②] 因此又郑重地把它送还苏

---

① 此句翻译为:勇敢之人,虽然能够在摔碎价值连城的美玉时不动声色,却有可能被锅碗瓢盆的破裂声吓得失声尖叫;虽然敢与猛虎搏斗,却有可能在野蜂毒蝎面前动容变色。
② 此句翻译为:这是一方天生的砚台啊!具有砚的品质,只是形状不太完美罢了。

轼，还故作神秘地轻拢小苏耳语："是文字之祥也。"① 苏轼听后十分兴奋激动，从此将它视作宝贝，倍加珍惜。

元丰二年（1079年），苏轼因"乌台诗案"获罪，被捕入狱，家属流离，书籍散乱。他于次年出狱并被贬至黄州，在黄州安家后，某日他忽然想起那方砚台，于是四处翻箱倒柜，遍寻无果，以为已经弄丢了，格外惋惜。元丰七年（1084年），当他乘船赴汝州上任途经安徽当涂，整理书箱时，无意间居然又找到了砚台。失而复得，大喜过望，于是他庄重地把此砚交付给儿子苏迨、苏过，同时谆谆告诫他们：装砚的匣子是祖父根据砚的形状因势象形，一笔一画，亲手刻出线条，然后再委托工匠精心雕琢而成，系心血之作，可谓苏家的传家宝。为此他还专门作《天石砚铭》教育儿子"一受其成，而不可更。或主于德，或全于形。均是二者，顾予安取。仰

---

① 此句翻译为：这是你文章锦绣的祥瑞之兆啊！

唇俯足，世固多有"[1]。小小一方砚台，厚德载物；一门三代接续薪火承，以德身教胜于千言传！

苏轼学习勤勉，学风严谨，日夜苦读经史诗文，而且自我要求对经典古籍必须熟读甚至背诵。他潜心致力于学问，善于思考和总结。为增强记忆，他还不厌其烦、一丝不苟地抄写过经书和正史。"好记性不如烂笔头。"正是这种扎实的功底和深厚的积淀，使他在今后写诗作词和为皇帝起诏时，都能引经据典、信手拈来。在抄书的时候，用心的苏轼也趁机苦练书法。十三岁时，苏轼到寿昌书院读书。老师刘巨[2]，曾经写了一首得意之作《鹭鸶》并读给学子们听，最后两句为"渔人忽惊起，雪片逐风斜"。苏轼听罢，若有所思，沉吟片刻后忍不住向老师建议：最后两句感觉雪片无处可依，能不能改成"渔人忽惊起，雪片落蒹葭"。刘

---

[1] 此句翻译为：一旦接受了上天的造就，就不应该改变初衷。世间万物，或以内在品德为高，或以外在形貌为高。在这二者之间，我会选取什么呢？仰人鼻息跪人脚下，这样的人在世间已经有很多了！

[2] 刘巨：字微之，苏洵好友、眉山名儒，博学多才。

巨一听，瞬间惊呆：苏轼这一改，虽然只有三字，却使整首诗的意境升华了，更显自然生动。于是赞叹不已，说："吾非若师也！"

皇祐五年（1053年），苏轼与弟弟苏辙到青神县中岩书院读书，拜苏洵好友、蜀内名士、青神乡贡进士王方为师，在此负笈求学三年。苏轼天资聪颖，勤学善思，文才崭露，受到王方老师的赏识。闲暇之时，苏轼喜欢一个人到附近的中岩寺散步、读书和修行。中岩寺始创于东晋，为蜀中名寺，远眺岷江，但见青山连绵，茂林修竹，溪水潺潺，风景清幽。苏轼在此感到身心放松，精神愉悦，思想顿悟。他经常到中岩下寺的一方水池畔休憩。这里丹岩峭壁，花竹如绣，澄潭一泓，泉水清澈。有一天苏轼闲坐于此，看着这一汪碧水，美中不足的是水中一条鱼也没有，了无生机，难怪孔夫子都说"水至清则无鱼"。他怅然若失，连声感叹："可惜，可惜！"随着话音刚落，岩底泉眼处似有微波泛起，水泡连连，一阵暗流涌动，接着几张小嘴露出水面，仰天吧唧吧唧。苏轼以为坐久了眼花，揉了揉眼，定睛一看，池里居然真的出现了几条小鱼，探

旷世奇才 一鸣惊人

头探脑，摇摇摆摆地游了出来。这一幕简直出乎苏轼的意料，他不敢相信，看来圣人的话也不一定都是真理！彼时阳光明媚，泉水清冽，鱼儿成群结队，畅游嬉戏，追逐跳跃，天影在水，鱼影在天，美轮美奂。苏轼看得入神，流连忘返。

中岩寺　曲水流觞

至和元年（1054年）春，桃红李白，莺歌燕舞，王方带领中岩书院的学子们到中岩寺春游研学。寺院老方丈见老友率众多小秀才来访，出面陪同,不知不觉来到了水池畔。王方见此泉碧绿如玉,灵动活泼,颇感神奇,便询问池名。方丈道:"此池尚不曾命名,王施主乃当世大儒,今天机缘巧合,恳请赐名,定能为鄙寺增辉!"王方听后,捻须爽快笑道:"承蒙方丈不嫌,恭敬不如从命!"只见他振臂一呼,当即宣布今天游学的活动就是为水池取名,并现场投笺。学子们摩拳擦掌,跃跃欲试,争先恐后交卷。现场公布结果,有取"龙潭池"的,也有取"绿水凼""一碗水"的,五花八门,王方啼笑皆非。直至最后一个唱道:"名称:唤鱼池。作者:苏轼!"众人一听,疑惑不解,一脸愕然:明明是一池清水,何来鱼儿?但见苏轼笑而不答,从容不迫地迈步池边,抬起双手,用劲击掌,"啪""啪",响亮的掌声回荡山谷。只见水池岩壁下方的泉眼中竟然应声而出、你追我赶涌来一条条鱼儿,噼里啪啦,活蹦乱跳!

正当苏轼沾沾自喜,以为稳操胜券时,不料又有一位神秘嘉宾送来答卷,主持人当场揭晓:"也是唤鱼池。作者:王弗!"王弗是老师王方的千金,也是大家心仪的小师妹。真是无巧不成书!原来恰好当天王弗也来中岩寺踏春赏花,听见人声鼎沸、热闹非凡,便悄悄派丫鬟前来打探消息。得知此事后,出身书香世家,聪明伶俐、才华出众的王弗便一时好奇,决定也凑凑热闹,于是稍作沉吟,偶得金句!众人心悦诚服,异口同声地惊叹:"不谋而合,韵成双璧"!王方更是心中暗喜:一位是自己的得意门生,一位是自家的掌上明珠,郎才女貌,真乃天作之合!于是便托人做媒,将王弗许配给苏轼。是时苏轼十九岁(虚岁),王弗才十六岁,婚后二人情真意切,恩爱有加。此事轰动嘉州和眉州,传为美谈。当年苏轼手书的"唤鱼池"三字至今还镌刻在中岩寺的赤壁之上,妩媚遒劲,飘逸潇洒,宛若飞龙,入木三分,见证了这对才子佳人、知音知己的千古姻缘,记载着他们海枯石烂、地老天荒的生死之恋。

唤鱼池（中岩寺）

嘉祐元年（1056年），老书生苏洵宝刀未老、壮心不已，带着满腹经纶的苏轼、苏辙兄弟赶赴汴京（开封）应试。从家乡眉州经陆路出发，上成都、翻剑阁、越秦岭，鞍马劳顿，风尘仆仆，千里迢迢。铿锵三人行，闲来无事，赋诗和词，相互探讨。历时两个多月，才抵达京城。父子三人自是踌躇满志，志在蟾宫折桂。在繁华热闹、藏龙卧虎的京师，初出茅庐、才气横溢的苏轼将面临怎样的挑战，又将迎接什么样的人生呢？

嘉祐元年至嘉祐二年（1056—1057年），苏轼、苏辙兄弟参加了人生第一次科举考试。当时的主考官是文坛领袖欧阳修，小试官是诗坛名宿梅尧臣（字圣俞）。这两人作为北宋文坛领军人物，锐意诗文革新，改良辞藻华丽习俗，倡导务实之风，故这年的策论考题是《罪疑惟轻，功疑惟重》（出自《尚书》）。而苏轼策论的题目是《刑赏忠厚之至论》，他在文中写道："当尧之时，皋陶为士，将杀人，皋陶曰'杀之三'，尧曰'宥之三'。故天下畏皋陶执法之坚，而乐尧用刑之宽……以君子长者之道待天下，使天下相率而归于君子长者之道，故曰忠厚之至也。"梅圣俞读后，觉得文章站位高远，纵横捭阖，洋洋洒洒，言之凿凿，体现了孔子提倡的"修己以安百姓——仁的最高境界"，欣然划圈（后来，该篇文章还被收录进《古文观止》）。其实当时梅圣俞有点怀疑尧是否真的与皋陶说过那些话，但又不好意思贸然发问，担心别人嘲笑一代宗师浅见薄识、大惊小怪，有损一世英名，因而让苏轼钻了空子、蒙混过关。后来终于有一天他忍不住询问苏轼，小苏居然坦承系杜撰，还振振有词地辩解："帝尧之圣德，此言亦意料中事耳。"可见苏轼艺高人胆大，撒谎脸不红。由于立场守正、文风清新，观念新锐、立论深邃，逻辑清晰、鞭辟入里，主考官欧阳修爱不释手，啧啧点赞"真是妙文啊"！他提笔打算把此卷圈为第一，但转念一想，当今天下有此水平的非自己的弟子曾巩莫属，如评为第一，恐难摆脱走后门嫌疑，影响不好。为了避嫌，于是勉强给了第二。后来，拆去糊名的纸片后，才发现卷面上赫然写着"眉州苏轼"，而并非自己认为的曾巩。欧阳修目瞪口呆，自责后悔不已。

嘉祐二年（1057年）的科举考试，堪称大宋乃至中国科举考试以来的千年第一考。这一年群贤毕至，"学霸"云集，空前绝后。参加贡举考试的考生，后来构成了北宋政坛与文化界的璀璨群星。主考官欧阳修，文坛领袖。参考的学子们更是当世才俊，星光闪烁，有二苏（苏轼、苏辙兄弟）、二曾（唐宋八大家之一的曾巩和兄弟曾布）、一程（程颢）等。这一年竟录取进士388人。在高手如云、人才济济的史上竞争最激烈的科举考试中，苏氏兄弟一飞冲天，力压群雄，麒麟才子，技惊四座！苏轼居第二、苏辙列第五。兄弟俩同科及第，名震京师。

旷世奇才 一鸣惊人

欧阳修盛赞苏轼："此人可谓善读书，善用书，他日文章必独步天下。"惊叹之余，颇感好奇的他赶忙找来苏轼旧作查看，更是惊呼："读轼书，不觉汗出，快哉快哉！老夫当避路，放他出一头地也。"① 甚至还以文坛领袖身份，将衣钵相传，郑重向苏轼交代"吾老将休，付子斯文"！他曾无限感慨地对儿子说："汝记吾言，三十年后，世上人更不道着我也。"② 三十年河东、三十年河西。一代文宗欧阳修的伯乐胸襟、对后辈小子的关爱提携，无愧为实至名归的"文章太守"，他尽心竭力地守护了大宋的斯文鼎盛，对苏轼的成长影响甚大。后来苏轼也继往开来、爱才惜士，开宗立派，收纳了黄庭坚、秦观等英才为"苏门四学士"，成为中国文坛韵事。

在文坛大佬欧阳修的亲自关怀和广告热捧下，初出茅庐的苏轼一举成名，走红京师，俨然成为斯

---

① 成语出人头地的出处。
② 此句翻译为：你要记住我说的话，三十年后，人们就只知道苏轼，无人还记得老夫了。

时文坛一颗冉冉升起的新星,北宋最耀眼的"杰出青年"代表。正当他志在必得,准备一试锋芒、大展宏图时,是年四月,母亲程氏病故于眉山。兄弟俩惊闻噩耗,如晴天霹雳,悲痛欲绝,于是千里奔丧,返乡丁忧。依儒家礼制,守丧两年零三个月。

嘉祐四年(1059年)十月,苏轼与弟弟除服,与父亲苏洵启程离乡再赴汴京。父子三人从眉州岷江码头上船,自水路出川,留恋不舍告别亲友,望着故乡熟悉的一草一木渐行渐远,苏轼惆怅感慨"*故乡飘已远,往意浩无边*"①!沿着岷江顺流而下,轻舟如箭,心爽神怡,半日就抵达嘉州。"*奔腾过佛脚,旷荡造平川。*"② 在"山是一尊佛,佛是一座山",雄伟壮观的乐山大佛脚下,岷江、大渡河、青衣江三江在此汇流,气势恢宏,蔚为壮观。苏轼伫立船头,瞻望凌云九峰的苍翠巍峨,仰观世界第一大佛百丈金身的磅礴宏伟,远眺仙山峨眉的秀美壮丽,遥看云上金顶的极大入宇。父子三

---

① [宋]苏轼:《初发嘉州》。
② [宋]苏轼:《初发嘉州》。

人在嘉州盘桓小住，每日与友人载酒泛舟，吟诗和词，把酒临风，此乐何极！逗留期间，苏轼攀凌云登乌尤，拜佛参禅，谈经论道，会朋交友，挥毫泼墨，遗留了众多的足印痕迹，流传下许多趣闻逸事。从此家乡的山山水水便深深地烙印在苏轼的脑中，刻进骨里化为乡愁，时常相思入梦、魂牵情系，构筑成他内心的精神家园！

乐山大佛

三十年后，苏东坡在杭州任知州时，恰逢好友——浙江吴兴人张伯温（字嘉父）即将赴嘉州任知州，内心羡慕不已且思乡情切的东坡激动地写下那首著名的《送张嘉州》："*少年不愿万户侯，亦不愿识韩荆州。颇愿身为汉嘉守，载酒时作凌云游。*"嘉州人民世世代代怀念东坡。凌云山上有一座建于10世纪、宏伟壮观的嘉州名楼，因苏东坡当年曾在此读书、写诗、抚琴、听涛，家乡人民便亲切地将它命名为"东坡楼"，门额横匾"东坡楼"三字是由东坡弟子兼好友黄庭坚亲笔所书。该楼虽历尽沧桑，但经多次修缮，至今仍古朴宏伟、气宇非凡。楼堂四周及堂内墙壁上刻绘有《东坡笠屐图》和东坡所画的墨竹、所作的《送张嘉州》等诗词以及《寒食帖》等书法作品，楼堂大厅内还专门塑有东坡的雕像。该像栩栩如生地展示了中年苏东坡成熟稳重的风采。他侧身雍容而坐，眼神深邃，凝视远方，峨冠长髯，面容和蔼优雅，右手霸气地抚按椅子扶手，右腿轻抬搭在左腿上，十分安逸享受地跷着二郎腿，而左手小臂则轻轻横搁在右腿上。整尊塑像端庄伟岸、从容潇洒，而黄庭坚、秦观等

"苏门四学士"的塑像则恭敬地立于座前两侧,仿若重现当年师徒一起吟诗赋词、交流切磋的情景。清代"戊戌六君子"之一的刘光第到此睹物兴情,欣然题下"挽不住大江东复东,铜琶铁板何英雄。唤不醒读书万卷之坡公,青山依旧夕阳红"①!

东坡楼(凌云山)

---

① [清]刘光第:《凌云山东坡读书楼怀古》。

苏轼《送张嘉州》（诗碑）

苏园（凌云山）

旷世奇才　一鸣惊人

载酒亭（凌云山）

苏东坡载酒时游处（石刻）

此外，山上还有清音亭、苏园、明代嘉州知州郭卫宸手书于绝壁之上的"苏东坡载酒时游处"、载酒亭和洗墨池等诸多古迹。相传东坡在洗墨池里清洗笔砚，墨水流进江里后，被本河段内的一种岩鲤吃了，从此鱼儿的皮色便逐渐变成墨黑，如今早已成为享誉中外的嘉州特色美食"东坡墨鱼"。传说凡是吃了这种喝过东坡墨水的鱼，沾染了大文豪灵气的读书人，就像被打通任督二脉，涨知识、增文化，于是食客们不远千里闻风而来！

东坡墨鱼

父子三人惜别嘉州后，直挂云帆下长江、穿三峡，最后在荆州登岸，从陆路返京。水陆兼程行千里路，一路相伴云和月，父子三人兴高采烈，写诗作赋，互相应答，抵京后诗词已然满袋，一统计居然有百余篇，合为《南行集》，一时轰动文坛。

嘉祐五年（1060年），经宰相韩琦推荐，苏洵被任命为秘书省校书郎，负责校勘、整理国家图书。嘉祐六年（1061年），苏轼与苏辙同时参加制举（制科）考试。这是一种科举制度下的特别考试，不定期且非常设，由皇帝下诏临时安排，用以选拔"非常之才、特别之士"，意在优中选优，遴择精英。报考对象必须是符合条件的布衣才俊或优秀官员，除自荐外还需要两名以上大臣推荐。考试程序非常严苛，分为进卷、阁试、御试，评卷机制也极其严密，连过三关才算完成。这种魔鬼地狱般的考验，难度系数甚至超过今天的公务员国考，胜出者无疑是万里挑一。

宋朝的制科考试分为五等：一等和二等形同虚设，从未真正录取过人；至于第三等，通常也很难入围。一般情况下，录取的考生大都只能位列第四等，落榜的考生则计入第五等。自宋初以来，在苏轼之前只有一个叫吴育的人曾入过第三等。在这次制科考试中，苏轼、苏辙一路势如破竹，携手过关斩将，双双成功入选！苏轼破格入第三等，虽然也和吴育同等，但他的这个第三等的含金量更高，因为该等级具体分为三等和三等次两档。吴育仅是三等次，而苏轼则是正儿八经的三等，为宋朝开国一百多年来创历史纪录的第一人！苏辙也不负众望，入第四等！亲自主持"制科"殿试的宋仁宗求贤若渴，急不可待地审阅完苏轼兄弟的试卷后，心花怒放、如获至宝，匆匆忙忙地赶回后宫对曹皇后得意、兴奋地嚷嚷："朕今日为子孙得两宰相矣！"不料这句话竟成为苏轼最后的护身符和救命稻草，此乃后话。

初涉官场 春风得意

初涉官场　春风得意

嘉祐六年（1061年），苏轼踌躇满志，入仕为官，从此开启了一生惊涛骇浪、一波三折的宦海生涯。刚进入职场的苏轼被授大理评事、签书凤翔府判官。苏辙本来也被任命为商州军事推官，但为了照顾鳏居的老父亲，憨厚孝悌的他辞谢不就，还亲自送兄长赴任。苏轼初涉官场，意气风发。这是兄弟俩平生第一次分离，十里长亭，难分难舍，满腹惆怅。在路过渑池时，苏轼应景生情，写下了《和子由渑池怀旧》："人生到处知何似，应似飞鸿踏雪泥。泥上偶然留指爪，鸿飞那复计东西。"[1]

凤翔位于陕西西部（今隶属宝鸡市），古称雍，是周、秦发祥地之一，也是华夏九州之一，历史悠久，文化底蕴深厚。苏轼初到任时，当地旱情严重，久晴无雨，百姓忧心忡忡，心急如焚。作为一方父母官，苏轼万分焦急，寝食难安，亲自向神明写诉状、朝天作祭雨文，爬秦岭山、攀太白峰、拜龙王庙、沐浴斋戒，终于心诚则灵，感动上苍，普

---

[1] 据统计，苏轼一生写得最精彩、最经典的诗词多是写给子由的，如《水调歌头》等，足见兄弟感情之深。

降甘霖。苏轼与民同乐，激动之余将后花园的亭子改名"喜雨亭"，欣然作《喜雨亭记》。

时任知州陈希亮（字公弼），刚正不阿，疾恶如仇，严厉刻板。苏轼新官上任，雄心勃勃，性情豪放。因此两人性格不合拍，关系疏离。好在苏轼在这儿意外地遇到同科进士、在邻县作商洛令的章惇。两人初出江湖，互为近邻，风华正茂，才情相当，加之章惇性格豪爽，因此经常邀约出游。有一次，两人骑马经过一片密林，忽然传来一阵虎啸，马儿惊恐万分，连连后退。苏轼闻虎色变，直接认怂："咱们赶紧回去吧！"章惇却面不改色，稳如泰山，明知山有虎，偏向虎山行。他一抖缰绳，扬鞭策马，猛摇铃铛，一阵咣啷作响，居然吓退了老虎。

还有一次，两人同游南山诸寺，至仙游潭，见双峰对峙，渊深万仞，仅一座独木桥相连，令人毛骨悚然。章惇推苏轼过桥，苏轼战战兢兢不敢前往，章惇却面无惧色，跨过木桥，且用藤蔓缠卷成绳索，一头系在树上，一头拴住腰，然后"蹑之上下，神色不动，以漆墨濡笔大书石壁上曰：章惇、苏轼来游"①。苏轼又惊又怕，啧啧佩服，不住地拍章惇的肩背感叹："子厚（章惇字）必能杀人！"章惇问："何也？"苏轼曰："能自拼命者，能杀人也！"② 章惇听了，哈哈一笑。不过，由此可见章惇确实胆识过人。

苏轼才华外露，心无城府，性格直率，不谙世故。同朝为官的中书舍人刘贡父晚年得了麻风病，头发眉毛掉光，鼻梁塌陷，满脸麻子。有次大家一起喝酒，酒酣兴浓时，互相插科打诨。苏轼借题发挥，调侃刘贡父说："大风起兮眉飞扬，安得猛士兮守鼻梁！"③ 弄得人家脸红脖子粗、尴尬万分。苏辙既是同僚，又是弟弟，见兄长心直口快，无意间经常开罪于人，心急火燎，苦口婆心地劝兄长一定要看人说话，见人说人话，见鬼还得说鬼话。苏轼却说，见到不平之事、不淑之人"如蝇在食，吐之乃

---

① ［宋］曾慥：《高斋漫录》。
② 此句翻译为：一个连自己性命都不在乎的人，当然也更有胆量杀人了。
③ ［宋］王辟之：《渑水燕谈录》。

已"。不仅如此,结发妻子、贤内良助王弗也经常提醒苏轼"说者无心,听者有意",容易祸从口出,授人以柄。一旦有客人来说政事,她常常躲在屏风后敛息静听,察言观色,分辨是非,事后及时提醒。苏轼很听从妻子箴劝,但同时也自嘲"猿吟鹤唳本无意,不知下有行人行"①。据传,王弗还曾郑重提醒苏轼一定要提防和远离章惇,不知他听进去没有,但确实被王弗不幸言中,一语成谶,在日后激烈的朝廷政治斗争中,章惇确实是攻击、陷害苏轼最凶狠的跳梁小丑和罪魁祸首。个性铸就性格,性格决定命运。苏轼的卓越才华、张扬个性,为他的政坛受挫、仕途沉浮与人生波折埋下了隐患。但也许正是因为经受了这般坎坷,最终成就了苏东坡。

当时,凡在地方做官三年后,朝廷就要考察官员政绩如何,称之为"磨勘"。依据考察的结果,再经推荐,另授新职。治平元年(1064年),苏轼履行完了他的第一任官职,于次年回到京城。此时新主宋英宗久闻苏轼才气,十分赏识,便要破格拔

---

① [宋]苏轼:《次韵僧潜见赠》。

擢，拟任翰林之职，为皇帝司草诏等。宰相韩琦抱残守缺，迂腐守旧，认为苏轼资历浅、年纪轻，尚不足以服众，不宜突然提拔到如此要位，应多锻炼、历练，俟以才干老练再考虑。英宗无奈，只好安排苏轼进入直史馆，帮皇帝整理藏书。苏轼求之不得，欣然赴任。在珍藏典籍浩如烟海、汗牛充栋的大宋皇家图书馆里，他近水楼台，正好趁机博览群书，潜心钻研，夜以继日，如饥似渴。

据载，苏轼身高五尺八寸（宋朝标准一尺相当于现代的 31 厘米，因此约为 180 厘米），身材伟岸，健壮结实。"华严长者貌古奇，紫瞳奕奕垂双眉"[1]"眉目云开月静"[2]，他相貌清奇，眉毛清秀细长，双目炯炯有神。好友、著名书法家、"石痴"米芾形容苏轼"方瞳正碧貌如圭"，生动传神地刻画出苏轼的形象：天庭方正，颧骨突出，两颊清瘦，脸形较长，下颌尖圆，长须飘逸。[3] 苏轼相貌

---

[1] ［宋］孔武仲：《谒苏子瞻因寄》。
[2] ［宋］黄庭坚：《东坡先生真赞三首（其三）》。
[3] 民间传说苏轼有个才女妹妹——苏小妹，曾取笑兄长"去年一滴相思泪，至今未流到腮边"。

堂堂，英俊潇洒，诙谐幽默，才华盖世，出口成章，提笔成文，顺理成章成为文坛新盟主。

北宋画家、文艺发烧友、当朝驸马王诜曾专门邀请苏轼、苏辙、米芾、李之仪、蔡肇和黄庭坚等名士以及高僧圆

苏轼画像

通、道士陈碧虚等当世的十六位名流雅士在自己府邸后花园做客。本次文人雅士风云际会，写诗作词，抚琴唱和，讲经论道，打坐问禅，好不逍遥。受王诜委托，著名画家李公麟即兴作《西园雅集图》，形象生动地描绘了北宋高规格的艺术盛会的宏大场面和热闹情景。米芾也欣然作序，他白描式地描述了此番风雅情景，抒发内心感受，同时触景，升华了人生感悟："水石潺湲，风竹相吞，炉烟方袅，草木自馨。人间清旷之乐，不过如此。嗟呼！汹涌于名利之域而不知退者，岂易得此耶？"[①]

---

① ［宋］米芾：《西园雅集图记》。

初涉官场·春风得意

这次文坛聚会与东晋王羲之在《兰亭集序》中记载的兰亭饮酒修禊盛会，堪称中国文化史上的两大雅集盛事，传为千古美谈。《西园雅集图》画面场景盛大，鸿儒云集，星光灿烂，众星拱月，由此可见苏轼的魅力和受欢迎程度。

《西园雅集图》局部

唐诗是中国文学史上的一朵奇葩。唐代李白、杜甫等大咖云集，诗人才子辈出，诗歌发展蒸蒸日上，盛极巅峰，难以超越。流传至宋朝后逐渐衰竭，因为律诗对格律要求严苛，在字句、押韵、平仄、对仗等方面都有严格规定，格式日渐陈腐，旧调重弹，诗老词黄。到了宋代，由于官场公务应酬中经常有酒席盛宴,歌伎陪酒卖唱,官员酒酣之余即兴填词。一唱一和之间催生了一种根据乐谱填歌演变而来,在宴席和歌舞中兴起,令人耳目一新,全新的文学形式——宋词。宋词词牌众多,风格多元,题材广泛,清新活泼,比唐诗更接近于白话,浅显易懂,朗朗上口,便于抒情。句子可长可短,适合歌唱,易于流行。宋词为宋代儒客文人的智慧结晶,充分代表了宋代文学的最高成就。因为是合乐的歌词,故又称曲子词、乐府、乐章、长短句、诗余和琴趣等。

苏轼在文坛崭露头角时,宋词已广为流行,风靡一时。作为当时的文坛领袖,苏轼不仅擅长作词,而且首创豪放一派,一扫当时柔靡俗艳的扭捏之风。在那个没有报刊、电影电视和互联网、自媒体的时代,仅仅依靠文人雅士的口碑相传、歌伎们的演绎传唱、驸马王诜等粉丝收录印书,苏轼竟成为红极一时的文坛、歌坛首席作词家,潮流的风向标。他写一首红一首,作一篇名一篇,登上热搜,洛阳纸贵。上至当朝皇帝、太后,下至文人、百姓,都争相传抄,先睹为快。"**神宗尤爱其文,宫**

初涉官场　春风得意

中读之，膳进忘食，称为天下奇才。"① 苏轼不仅是士林领袖，还深受北宋社会各阶层的喜爱。他的作品不仅男性喜欢，女性也爱好，甚至传入后宫，被广为传颂。苏轼才华横溢，风度翩翩，几任太后都很欣赏他，成为他的忠实粉丝。甚至连后来辞官赋闲隐居在江宁府（今南京）的王安石只要一见到当时苏轼贬谪之地黄州有人来访，必急不可耐地问："子瞻近日又有何妙语？"

苏轼还标新立异，引领潮流。他自行研究设计，制作了一款乌纱材质、筒高檐短、脱戴方便的短檐帽，谓之"子瞻样"，迅速在坊间流行开来，霎时大街小巷里高帽林立。此时的苏轼，俨然时尚达人、流量明星，收割粉丝无数，俘获迷弟万千。

在这里需要特别介绍一位颇具传奇色彩的"追星族"——章元弼。史料记载，主人公章先生也是宋代一名学者，在年幼时偶然拜读了苏轼的一首诗后，惊叹不已，五体投地，从此死心塌地、无怨无悔地开启了追星之旅。他四处搜集苏轼的最新文

---

① 脱脱等：《宋史》。

集，晨读晚诵，倒背如流。他不仅在书房里贴满苏轼的诗词，甚至还想方设法找来苏轼的画像。父母看到小章崇拜的偶像是大文豪苏轼，而且学习刻苦用功，不像有些纨绔子弟成天吃喝玩乐，恋名伶迷歌伎，内心还很欣慰和欢喜。然而时间一长，小章父母看到儿子整日沉迷苏词，废寝忘食，恰似走火入魔，而且不思婚娶，费尽口舌劝解催促无果，急得如热锅上的蚂蚁。俗话说"男大当婚"！为了传宗接代，家境富裕的老章家赶紧托媒迎娶元弼的表妹陈氏。元弼虽然相貌丑陋，但娇妻却如花似玉。洞房花烛，良辰美人，新郎却一夜未入洞房，让新娘整宿独守空房。陈氏又羞又怒，气急败坏，最后才在书房内找到呼呼大睡、鼾声如雷的元弼。原来好友知道章元弼的最爱，投其所好，将一本苏轼的最新诗集当作新婚贺礼相赠。元弼喜不自胜，手不释卷，通宵达旦，居然忘了还有新娘在焦急等待。这也真算是千古奇闻，荒唐可笑！

　　当然章元弼还不是中国历史上唯一一位重爱好而轻妙龄娇妻的牛人。无独有偶，几百年后明朝出了一位重要的思想家和哲学家——王阳明（字守仁），因为醉心于问道格物，也犯过同样荒诞不经的事情。据传，王阳明奉命去岳父家完婚，在大婚之日下午间隙，抽空去拜访当地道观，与道长一见如故，说法论道，居然将成亲之事抛之脑后，忘得一干二净。岳父一家人急得手忙脚乱，火烧眉毛，全城搜寻，"挖地三尺"，第二天才在道观里找到意犹未尽、如痴如醉的新郎官王阳明！

本以为元弼从此能知错即改，有所收敛，谁知他变本加厉，成天手里写的，口里念的，甚至梦话里咕哝的都是苏轼文章。新娘陈氏忍无可忍，火山爆发，在和章元弼大吵一架之后逼迫他明确作个了断：要么选苏轼，要么选夫人！孰料此举严重伤害了元弼脆弱的自尊，这个"二百五"竟然恼羞成怒，当即休书一封，把妻子撵回了娘家。这桩中国历史上富有戏剧性和荒唐离奇的离婚案主角章元弼不以为耻，反以为荣，得意扬扬，四处吹嘘自己休妻"缘吾读《眉山集》而致也"[①]！真是"生命

---

① ［宋］李廌：《师友谈记》。

诚可贵，追星价更高；若为偶像故，夫人皆可抛"①！

苏轼爱竹，也爱画竹。竹的虚心、气节、笔直、坚韧和高洁，令他无比钦佩、由衷景仰！他感慨"**宁可食无肉，不可居无竹。无肉令人瘦，无竹令人俗**"②。因为爱好相同，他与当时的画竹名家文同（字与可）成为知己好友。苏轼在与文同交流中深谙画竹技法，还从唐代著名诗人王维"诗中有画、画中有诗"的诗画风格中受到启发，于是大胆泼墨写意，注重渲染意境，因此他笔下的竹气韵生动、神韵十足。他不仅为后世留下了千年不朽的艺术珍品《墨竹图》，而且还在总结画竹经验"**故画竹必先得成竹于胸中，执笔熟视**"③时，创造了一个著名成语：胸有成竹。

世事难料，人生无常。治平二年（1065年），苏轼的爱妻王弗卒于京师开封，年方二十七岁，遗

---

① 改编自匈牙利诗人裴多菲的《生命诚可贵》一诗。
② ［宋］苏轼：《于潜僧绿筠轩》。
③ ［宋］苏轼：《文与可画筼筜谷偃竹记》。

子苏迈，年仅六岁。苏王二人相知相亲，夫妻十一载，相濡以沫。苏轼伤心欲绝，痛彻心扉，他将王弗安葬在老家苏坟山，并在坟墓周边山头种满了松树，以寄哀思。谁知福无双至，祸不单行。时隔十一个月，老父亲苏洵又不幸病逝。

王弗墓

治平三年（1066年），苏轼与弟弟苏辙扶柩还乡。在服满两年零三个月孝后，苏轼娶了王弗的堂妹王闰之为继室。闰之，字季璋，比苏轼小十一岁，长相与其堂姐神似。她是传统的村姑，读书识字不多，虽无法与王弗的冰雪聪明、娴雅智慧相比，但她秉性柔和、温柔淑端、吃苦耐劳，从小对姐夫苏轼崇拜有加，而且对苏迈更是视如己出，无微不至。苏轼曾感慨地称赞她"妇职既修,母仪甚敦"①。

熙宁元年(1068年)腊月,苏轼兄弟准备返京。动身离乡前,同乡的三位长辈王淮奇(庆源)、蔡褒(子华)、杨宗文(君素)前来苏宅送行,内心伤感、万般不舍的蔡褒在院里亲手栽种了一株荔枝树,说待荔枝长大成材、挂果成熟时便是归期!谁知世事难料,苏轼这一去竟成了与家乡的诀别。荔树的年轮画了一圈又一圈,荔枝的果实挂了一季又一季,但始终未能等回思乡人。事隔多年,远在杭州的苏东坡忆及此事,惆怅满腹、潸然泪下,动情地写下了《寄蔡子华》:"故人送我东来时,手栽荔子待我归。荔子已丹吾发白,犹作江南未归客。"

---

① [宋]苏轼:《祭亡妻同安郡君文》。

新荔枝树（三苏祠）

过了一年又一年，红了又红的荔枝最后没能等回故人采摘品尝，望眼欲穿的三老也相继离世，最终未能如愿如约见到亲朋。历经风吹日炙、电闪雷劈、雨雪冰霜、岁月摧残，这株荔枝却茁壮成长，枝繁叶茂，顽强执着地守望苏轼。这一立就跨越千年，这一诺就地久天长！时光如梭，白驹过隙，一晃已是20世纪80年代，这株近千岁的老荔枝树还努力坚持零星结果，直到90年代她才终于恋恋不舍，凋零枯萎，寿满天年！家乡人民实在舍不得这株情深义重、极富人情灵性的老树，便将树桩小心地挖起来，精心制作成根雕，陈列在旁边的西厢房，作为镇馆之宝。如今的她依然盘根错节，虬曲苍劲，寂静等候！时至2007年，三苏祠管理人员又在原址上重新种植了一株小丹荔，在众人的精心栽培和悉心照料下，在千年老树桩的深情见证下，这棵小荔枝树如今已是根深叶茂，硕果累累。盛夏时节，蝉鸣添幽，微风轻拂，茂密的树叶沙沙歌唱，鲜红欲滴的荔枝挂满枝头，迎风摇曳，如在挥手，似在点头，热情依旧地等候东坡践约归来！

老荔枝树根雕（三苏祠）

反对变法 惹火烧身

反对变法　惹火烧身

苏轼兄弟这次离乡返京，重出"江湖"之后，大宋政坛风云骤变，震动朝野的王安石变法开始了，从此二人被无奈、无情地卷入政治漩涡，开启了坎坷崎岖、波涛汹涌的人生。

治平四年（1067年），英宗皇帝升遐，皇太子顼即帝位，是为宋神宗。此时的大宋已是外强中干，国力衰竭，千疮百孔，积贫积弱。"新官上任三把火"，主政的神宗皇帝年轻气盛，雄心勃勃，思励精图治，期重振朝纲。而胸怀大志、韬光养晦的变法倡导者、改革急先锋王安石也逐渐浮出水面，勇立潮头！他提出"实现中兴大宋，富国强兵"的目标自然与神宗不谋而合，因此备受赏识，被委以宰相重任。在宋神宗鼎力支持下，王安石于熙宁二年（1069年），正式全面启动变法革新，掀起了一场声势浩大、史无前例、轰轰烈烈的改革，史称"熙宁变法"。

王安石，字介甫，号半山，江西抚州临川人，北宋著名思想家、改革家、文学家，位列唐宋八大家。他长期在舒州等地基层任职，深知民间疾苦，且恪尽职守，兴干实事，建堤筑堰、改革学校、创"青苗法"（农民贷款法），造福一方，颇有建树，政绩斐然。他还擅长诗词,其代表作《泊船瓜洲》中的"春风又绿江南岸,明月何时照我还",《登飞来峰》的"不畏浮云遮望眼,自缘身在最高层",脍炙人口,家喻户晓。

王安石画像

王安石事业心、责任感极强,是典型的工作狂。他生活简朴,不修边幅,衣裳邋遢,须发蓬乱,实属官场另类,令上司、同僚难以忍受,避之不及。苏洵对其非常反感,认为王安石做作虚伪,在《辨奸论》中刻画其"衣臣虏之衣,食犬彘之食,囚首丧面而谈诗书",认为名流士大夫,岂能如此不雅!

反对变法　惹火烧身

民间稗史上流传着一个关于王安石的耳熟能详、众说纷纭的故事。传说王安石在任知制诰①时，工作勤奋敬业，经常"五加二""白加黑"地加班，是大宋"公务员"中"全日制""九九六"的模范。老妻看着心疼，奈何自己年老体衰，精力不济，无力照顾，于是未与王安石商量就擅自做主为他纳了一房妾室。小妾第一天晚上去侍奉王安石时，老王突然见卧室来了个陌生人，吓了一大跳，惊慌地问道："你是何人？怎么会在这里？"小妾忙不迭地解释说，因自家欠下了官府的债，无奈只能被迫卖身做妾抵债，承蒙王夫人好心收留。王安石听后，五味杂陈，内心沉重，长吁短叹，十分同情和怜悯她。他不仅慷慨解囊帮小妾还清了所有债务，另外还单独给了她一笔安家费，让她回去和家人团圆。此事一传十，十传百，一时成为官场和民间的笑谈、街头巷尾热议的话题。有人嘲笑、奚落他不但"赔了夫人又折兵"，还要"倒贴黄瓜二两"，无疑是蚀本买卖；也有人称赞和敬佩他急公

---

① 官职名称。负责为皇帝代起草诏书和诰令。

好义、宽宏大量,堪称善行义举、道德模范。

王安石后来成为一人之下万人之上的宰相,位极人臣。好事之人便根据这个故事添油加醋,绘声绘色地编撰成了"宰相肚里能撑船"的典故。往事如烟,早已埋没在历史的故纸堆中,其真实性已经难以考证,但民间稗史流传之广和久远,不难想象王安石其人的胸襟格局和豁达大度,远非常人能及、常理可喻!

王安石变法旨在改革北宋建国以来的积习流弊,以达到富国强兵的目的;本着"*因天下之力以生天下之财,取天下之财以供天下之费*"①的原则,以期实现开源节流、增加财税、充盈国库的目的。他破旧立新,改革法制;行动上大刀阔斧,强力推进。朝廷紧锣密鼓地颁布了"青苗法"等税法,并同时推出"保甲法"等九大改革方针政策。客观地讲,此次变法的本意和初衷是好的,也是非常必要的,在农业生产、商品经济发展以及促进国家财政增收等方面都取得一些积极的成效,具有明

---

① [元]脱脱等:《宋史》。

显的时代进步意义。而让王安石始料不及的是，随着改革进程不断深入，深刻打破了根深蒂固的传统，深层触及影响了众多利益格局，不但各阶层意见不合，反对激烈，阻力重重，而且牵一发而动全身，引发轩然大波、社会动荡，最终竟然适得其反、一败涂地。

"青苗法"的推行虽然有效地限制了大地主放高利贷的利息盘剥，暂时缓解了贫农的燃眉之急，但采取的是全国一套规定动作模式：统一下达贷款指标，规定上缴利息收入，逐级考核，强硬奖惩。各地为了能够完成朝廷交办的任务，交差保官位，只好硬性摊派，层层加码。即人不分贫富，地不分优劣，更不管老百姓愿不愿意、想不想要，一律强制分配贷款额度。甚至连从不差钱的中农、地主，为表对朝廷忠心和支持改革，也必须"奉旨贷款"。按新法规定，贷款年息二分。即贷款一万，借期一年，利息二千。强制贷款、高额利息，无疑直接增加了农民负担，使他们还没来得及种粮就已经背上了沉重的债务和利息。更可恶可恨的是，官府还将五户或者十户结成一保，如一家借户逃亡，则由其他保户承担连坐责任,连带分赔。秋天粮食还没有成熟、农民还没有开镰收割,官府就已经开始派人催款促息:有钱拿钱,没钱就拉粮食;要不就强行牵猪赶羊、掀瓦拆房;甚至抓人关进大牢,逼债索息。老百姓为了还债,不得不卖地卖房,甚至卖儿鬻女。为此,很多平民倾家荡产、妻离子散、背井离乡,处于水深火热之中。

《太平治迹统类卷二十二》中记载的"青苗法"

反对变法　惹火烧身

当时吏治腐败，工作效率低下（没有今天行政审批改革后，老百姓办事"最多只跑一次、一网通办"的便利），农民申请贷款需办理多道手续，加盖多个公章。一年有大半时间进县城、跑官衙、四处求人，往往还无功而返，反而是跟着赶路的小孩子们收获最大。为什么呢？他们不仅看了热闹，还因此学会了一口地道顺溜的城里口音。苏轼在《山村五绝》中形象地描写"杖藜裹饭去匆匆，过眼青钱转手空。赢得儿童语音好，一年强半在城中"。

王安石主导此次变法虽信心百倍、雄心万丈，却操之过急，欲速不达。由于此次变法的初衷和动机只是富国强兵，而非利民富民、为人民谋福祉。政绩观首先就出现了严重偏差，从刚开始为民到后来扰民，发展到与民争利，甚至置民于水火倒悬。改革政策只注重顶层设计、自上而下，不注重调查研究，难以科学决策，最终一厢情愿、事与愿违。如青苗法，贫农眼穿肠断，等米下锅，急需用钱，但缺乏足够财产作抵押，因此很难贷成款；而不差钱的地主，又被朝廷逼迫，硬着头皮强贷。推行过程中没有先行试点、积累经验，然后循序渐进、逐步铺开,而是搞全国一刀切,罔顾实际,强行推进,急功近利。

王安石还犯了一个严重的组织错误:识人不深、重才轻德,用人不当、听信谗言。他的改革天团中最重要的得力干将吕惠卿、章惇、蔡京、李定等大多是心术不正、阳奉阴违的奸臣。因此领导班子内部一盘散沙,同床异梦,钩心斗角,在改革过程中不少人还趁机浑水摸鱼,以权谋私,争功诿过。王安石即使看在眼里,急在心头,但自身统筹掌控全局的胸襟、魄力不够,凝聚团队合力的手段不强,杀伐果断的手腕欠缺,心有余而力不足,以致局势如脱缰失控的马车,无力回天,前功尽弃,功亏一篑。

改革首席执行官(CEO)王安石性格偏执,刚愎自用,固执己见。他以"虽千万人吾往矣"的鲁莽无畏气概,"顺我者昌,逆我者亡"的强权霸道,毅然决然,一意孤行。许多当朝重臣苦口相劝、陈词力谏,但已被改革的美好幻想和小人的吹捧冲昏了头的他遇神杀神、见佛杀佛。"道不同不相为谋",这些大臣们无奈之下只得与之决裂,分道扬镳。宰相富弼因反对变法被罢黜相位,出判亳州;三朝元老、德高望重的韩琦也多次上书,竭力反对变法;而欧阳修则致仕回乡,光荣退休,不问政事。时任翰林学士的司马光念在与王安石共事数年的交情上,曾三次致信于他,开诚布公,苦言相谏,可王安石依旧执迷不悟,反而恼羞成怒,忿怼硬刚,导致司马光愤然与之割袍断义。眼不见为净,万念俱灰的司马光干脆辞职,退居洛阳,专心著书修志。

两年多的变法不仅导致天怒人怨、社稷震动,一时民变蜂起,甚至发生了东明县一千多农民集体进京,并在王安石相府前游行示威、静坐请愿的事件。当时朝内堵谏塞听,报喜不报忧。皇帝身处深宫,孤陋寡闻。时天降凶兆,华山山崩,天干久旱,神宗隐忧。宫廷门吏郑侠正直无畏,见义勇为,手绘了一幅《流民图》,画中戴着手铐脚镣的难民被押解至大山砍树,当牛做马,拼命挣钱抵还官府的青苗钱。郑侠真不愧为"侠",一身侠肝义胆,冒死将画呈进宫中,从而一举改变历史。蒙在鼓里的宋神宗这才醍醐灌顶,眼看变法成果乏善可陈、得不偿失,而且已经动摇大宋的江山社稷,雷霆震怒,派王安石谪守江宁,将吕惠卿左迁陈州,章惇等官员也被"一锅端",全部贬出京城。至此这场大张旗鼓的变法虎头蛇尾,终以失败而告终。王安石变法最终未能扶大厦于将倾,挽狂澜于既倒,反而加速了北宋王朝灭亡的进程。

大宋两位股肱之臣、两任宰相、两大政敌——王安石和司马光虽然政见不同、水火不容,但二人品行高尚,人格高洁,一心为公,两人之斗,也纯属君子之争。王安石变法失败,受贬隐退,郁郁而终。政敌司马光作为权倾四野的宰相,当时也卧病在床,但他在位发布的最后一道命令是:"王安石为人并不甚坏,其过端在刚愎自用,死后朝廷应以礼优葬之。"盖棺下定论,一言蔽功过。同时也不得不为两位中国历史上著名政治家襟怀坦荡的风格、高风亮节的品质、大公无私的情怀、温润善良的人品所折服。

事实上,王安石的变法并非一无是处,尤其是在熙宁四年(1071年),王安石推出了其改革组合拳中的重头戏——"募役法"。中国自秦代以来不

反对变法　惹火烧身

少朝代规定农民需服徭役。王安石在深入调研后，颇为人性化地改成自愿服徭役，不愿服役的农民可选择以交钱代替服役，再由官府出钱雇人充役。这不仅让农民得以从劳役中解脱，有更充裕的劳动时间，促进了生产发展，又增加了政府的财政收入，而且还解决了无业游民的就业和生活，可谓一举多得，皆大欢喜！对此，苏轼毫不吝啬地予以好评，赞成支持，但后来看到改革急躁冒进，党争激烈，社会动荡，民不聊生，在"国家图书馆"工作的苏轼怒发冲冠，如坐针毡。他不顾位卑言轻，奋笔疾书写下《上神宗皇帝书》，就经济、军事变法提出自己的见解。妻子王闰之相劝，他却说"*如骨鲠在喉，不吐不快*"。奏章如石沉大海，无果而终。不久后，心系天下、血气方盛的苏轼仍不死心，又作《再上皇帝书》，力数变法的不当，痛陈改革的过失。王安石得知后怒火中烧，刻意指派其兄弟王安礼妻兄——御史谢景温弹劾苏轼，于是一些宵小之徒便挖空心思，莫须有地污蔑苏轼借为父亲奔丧归蜀之机，顺手牵羊，私下贩卖私盐、苏木等朝廷违禁物品，牟取暴利。经查无实据，纯属子虚乌有，因此也就不了了之。倔强刚烈的苏轼对御史的弹劾嗤之以鼻,甚至连修表自辩也不屑。眼见朝廷暗流汹涌,于是他主动乞请外调。

熙宁四年(1071年),苏轼被派往杭州任通判,成为从京都空降地方工作的下派干部,也结下了他与杭州的一段不解之缘。逃离京城是非之地,远赴美丽的杭州上任,苏轼紧张沉重的心情得以稍微放松。初来乍到,苏轼在审理案件时,发现了一个匪夷所思的怪象,杭州监狱内关押的囚犯居然有上万名,人满为患。一详查,发现多为违反王安石新法的农民:有因青苗法欠债无力还钱的,也有因盐税改革导致走投无路、铤而走险贩卖私盐的。苏轼十分同情,但无能为力。在杭州的第一个除夕夜,他加班审问盐贩后,内心惆怅,心情沉痛,凄然写下了"**执笔对之泣,哀此系中囚……不须论贤愚,均是为食谋**"。政局的动荡,恶法的残酷,百姓的痛苦,都让苏轼愁肠百结,烦恼苦闷。

为排遣郁闷,工作之余,他寄情山水。杭州的美丽和温柔,抚慰滋润了苏轼受伤的心灵;苏轼的诗文和才华,也鲜活地升华了杭州的内涵和灵魂。

他经常登山游览，泛舟西湖，乐而忘返，吟诗作赋，留下了许多人们喜闻乐见、有口皆碑的诗篇。如《六月二十七日望湖楼醉书》："黑云翻墨未遮山，白雨跳珠乱入船。卷地风来忽吹散，望湖楼下水如天。"西湖的柔美、西子的惊艳，历代文人墨客为之倾倒，多少才子佳人吟哦赞美，名篇数不胜数、佳作不胜枚举，而举世公认、经典不朽的精品，非苏轼的《饮湖上初晴后雨》莫属："水光潋滟晴方好，山色空蒙雨亦奇。欲把西湖比西子，淡妆浓抹总相宜。"把西湖比西子，以景色喻化妆，这种天马行空的思维，激情浪漫的想象，神来之笔的比拟，妙手偶得的佳句，非苏轼不能作，此诗只应天上有！

据说，此诗创作的背景和动机，还与苏轼在杭州的一段浪漫的艳遇和一桩美好姻缘密切相关。一日，雨过天晴，苏轼与几位好友同游西湖，波光潋滟，心旷神怡，酒酣耳热，招来歌舞班助兴。其中一名俏佳人清水出芙蓉的气质和娴熟优雅的舞姿，仿佛空谷幽兰，清新芬芳，唤醒了他因忧虑时局而沉郁麻木的内心，男才女貌一见钟情，再见倾城。

苏轼激情迸发，灵感澎湃，一挥而就，写下了这首千古名篇。知夫莫若妻，君子成人美。宽容大度、通情达理的王闰之便悄悄重金买下这位舞女——王朝云当丫鬟。朝云，字子霞，吴郡钱塘（今浙江杭州余杭）人，由于家境贫寒，十二岁便沦落风尘，成为西湖名伎。她天生丽质，聪颖灵慧，能歌善舞，虽身处青楼，混迹烟尘，但洁身自好，出淤泥而不染。"朝云"的名字也是由苏轼所取，因其貌美若仙，浪漫诗人苏轼将其比作巫山神女，并从诗句"朝为行云，暮为覆雨"中撷取其名。朝云进入苏家后，由于仰慕苏轼才华，苏夫人又明理达义，使她很是感恩、感动，于是在十八岁时正式被苏轼收为妾，成为苏轼的红粉知己、危难时的灵魂伴侣，不离不弃，至死不渝。

熙宁七年（1074年），苏轼在杭州任职届满，此时苏辙正好在山东济州任职，为了离兄弟更近，苏轼主动请调山东。经朝廷同意，苏轼调往密州（今山东诸城）任知州，主一方军政。从富饶美丽的江南到偏僻贫瘠的胶西，从米箩筐掉进糠箩筐，天壤之别，生活艰苦。他自嘲道："意且一饱，而厨斋

索然，不堪其忧。"① 有一天苏轼只觉得腹内空空，饿得头昏眼花，肚子咕咕直叫，偶然想起这个时节枸杞和菊花的嫩叶、花及枸杞果都可以吃，味道鲜美且有营养，于是赶紧叫上通守刘廷式，两人蹑手蹑脚沿着密州城内废圃，偷偷摸摸地找寻。功夫不负有心人，还真让他们找到了一大丛。两人大快朵颐，相视捧腹而笑。物资匮乏，生活艰辛，对苏轼而言小事一桩，令他揪心和沉闷的是当时旱情持续，蝗灾严重，赤野千里，颗粒无收。百姓困苦，盗贼蜂起，哀鸿遍野。苏轼紧急上书朝廷，疾呼请求减免税赋。同时组织军民驱除蝗虫，抗旱保收，赈灾济民，缉凶捕盗。他情系苍生，乐善好施，亲自带头并收留、安置了三四十个弃婴和孤儿，从而开创了中国历史上由官员主导的最早的公立慈善孤儿院之先河。

时密州干旱高温，苏轼高设祭坛，亲自祈雨，他痛陈官员失职，怒不可遏之下，把龙王爷也一顿痛骂。不知是苏轼的诚意感动上苍，还是他的文采惊天地泣鬼神，抑或他在凤翔求雨时积累了成功经

---

① ［宋］苏轼：《后杞菊赋》。

验，精通了业务，当晚果真就下了一场及时好雨。"夜窗骚骚闹松竹，朝畦泫泫流膏乳。"① 密州旱情终于缓解，蝗灾解除，社会安定，生活如初，百姓安居，人民乐业。苏轼倍感欣慰，公务之余，喜欢郊外狩猎。有一次他精神抖擞，纵马搭弓，豪情满怀，写下了《江城子·密州出猎》。

> 老夫聊发少年狂，左牵黄，右擎苍。锦帽貂裘，千骑卷平冈。为报倾城随太守，亲射虎，看孙郎。
>
> 酒酣胸胆尚开张，鬓微霜，又何妨！持节云中，何日遣冯唐？会挽雕弓如满月，西北望，射天狼。

这首词气势雄豪，淋漓酣畅，首开宋词豪放一派，为开宗的代表之作！

熙宁八年（1075年）正月二十日夜里，他梦见原配夫人王弗。阴阳相隔，魂牵梦萦，蚀骨相思，肝肠寸断，于是便写下了那首感天动地的《江

---

① [宋] 苏轼：《次韵章传道喜雨》。

城子·乙卯正月二十日夜记梦》。

> 十年生死两茫茫,不思量,自难忘。千里孤坟,无处话凄凉。纵使相逢应不识,尘满面,鬓如霜。
>
> 夜来幽梦忽还乡,小轩窗,正梳妆。相顾无言,惟有泪千行。料得年年肠断处,明月夜,短松冈。

这首词堪称中国文学史上悼亡作品中的经典,千百年来广为传诵,至今读起来仍能感受到那种穿越时空、刻骨铭心的相思之痛。

两首"江城子",同年同地、同一词牌,一豪放、一婉约,风格迥然不同,千年一叹的英雄气短、儿女情长,堪称两派的精品之作、传世经典。这种思维的大收大放,风格的大开大合,内心的大悲大喜,情感的大起大落,文学的深厚底蕴,遣词的潇洒从容,真是笔落惊风雨,诗成泣鬼神!

政治的失意,生活的淬炼,阅历的增长,人生的积淀,使年近不惑的苏轼内心逐渐成熟老练,性情日趋平和安详,性格更加达观坦然。苏轼所在密州虽然与子由所处济州不远,但兄弟俩也不是经常能见面。"每逢佳节倍思亲。"是年中秋,苏轼思念兄弟,借酒浇愁,写下了一首登峰造极、盖世无双的旷世杰作《水调歌头·明月几时有》。

> 明月几时有,把酒问青天。不知天上宫阙,今夕是何年?我欲乘风归去,又恐琼楼玉宇,高处不胜寒。起舞弄清影,何似在人间!
> 转朱阁,低绮户,照无眠。不应有恨,何事长向别时圆?人有悲欢离合,月有阴晴圆缺,此事古难全。但愿人长久,千里共婵娟。

在中国文学史上,千古以来敢邀月的,除苏轼外,还有李白;而敢于问天的,除苏轼外,还有屈原。这首关于中秋节的词如天籁之音,人间少闻,不仅惊艳整个中国历史,而且成为词中巅峰,高不可及,从此以后文坛再无中秋词。而其中的"**人有悲欢离合,月有阴晴圆缺**""**但愿人长久,千里共婵娟**"更是成为千古金句,经典流传。

熙宁十年(1077年),苏轼转任徐州知州。徐州地处中原,交通便捷,历来为兵家必争之地。七月，黄河于澶州曹村决口，水困徐州，百姓危在旦夕。彭城下水深达两丈八尺，水势已高于城内街道，一旦大水渗透城墙，将是灭顶之灾。情况危急，人心惶惶，居民纷纷逃难。关键时刻，苏轼临危不惧，处变不惊，奋不顾身，振臂高呼："吾在是，水绝不能败城！"① 他竭力劝阻百姓留守家园，同舟共济，共渡难关。同时亲自组织动员数千军民齐上阵，万众一心，众志成城，背水一战，保家卫城。他身先士卒，勇往直前，亲荷畚锸，布衣草履，身体力行，"庐于城上，过家不入"②，与民众一道舍生忘死，昼夜鏖战，全力以赴，筑堤抢险。经过四十五天奋战，终于战退洪水，转危为安。抗洪胜利后，苏轼又抓紧修表上奏朝廷，申请拨款，增筑护城堤防，以图一劳永逸，永绝后患。工程顺利完工后，百姓欢天喜地，载歌载舞，为此，徐州人还特地在黄河南岸修建了"黄楼"，以表纪念。按五行说法，黄代表土，土能克水，"黄楼"一名，

---

① ［元］脱脱等：《宋史》。
② ［宋］苏辙：《亡兄子瞻端明墓志铭》。

寓意镇水。黄楼落成后，苏轼欣喜万分，专门委托苏辙撰《黄楼赋》，自己亲笔手书，勒石立碑。

黄楼

黄楼赋碑（徐州）

后来，苏轼不幸遭遇党争之祸，被打成了"元祐党人"，朝廷诏令销毁一切元祐党人碑文书籍。当时的徐州知州实在不忍砸碎石碑，让人偷偷把碑沉入水底，以应付交差。多年后，党禁渐弛，苏轼墨迹的市场行情也随之水涨船高，价格直线飙升。此时的徐州知州苗仲先听闻此事，暗自窃喜，见利忘义，卑鄙地动起了歪脑筋，居然还想到了一条生财之道。他命人悄悄将石碑捞起，连夜拓印了几千份。第二天假装发现石碑，故作正经地宣布："*苏轼之案，法禁尚在，碑石奈独存！*"当即下令当众将石碑砸碎。石碑既毁，拓片便成绝版，精明无耻的苗仲先之后还暗地里多次到汴京出售，大发了一笔横财！

徐州乃南北要津，战略地位重要。苏轼经过深入调研和缜密分析后，认为当地军事力量太薄弱，驻军仅一千精兵，于是上书请求将应天府（今河南商丘）新招的两支骑射部队调归其统辖，以强化治安管理，防止动乱发生。虽然朝廷并未采纳，但事实证明苏轼不仅是文人，而且还具备一定战略和军事眼光。若干年后徐州附近的水泊梁山，数十人名好汉揭竿而起，啸聚山林，演绎了一部闻名古今中外的"水浒"传奇，并成为北宋政权的一大威胁。

折戟湖州 乌合冤狱

折戟湖州　乌台冤狱

元丰二年（1079年），四十四岁的苏轼又被调往湖州任知州。新到任后，按朝廷规定他给神宗皇帝上书了一封《湖州谢表》，这本是例行公事写的官样文章，但苏轼性情直爽，写表时情不能已，有感而发，牢骚情绪难免流露笔端。在《湖州谢表》中，他说"**陛下知其愚不适时，难以追陪新进**"[1]，文中"新进"是指宋神宗时期受到重用和宠信的新派变法人物，包括一些投机钻营之徒。当时大家心知肚明，但都心照不宣。他又谈到皇帝"**察其老不生事，或能牧养小民**"[2]，而"生事"则是当时司马光等保守派指责、攻击变法派无事生非、横生事端的习惯用语。这篇上表中，苏轼含蓄委婉地嘲讽了小人得志便猖狂的新贵，隐约表达了自己对新法的不满和担忧。

北宋时，朝廷的邸报是固定按期出版的，相当于早期的报纸。因欧阳修、司马光隐退，苏轼一跃

---

[1] 此句翻译为：陛下知道自己迂腐不识时务，已经落伍，难以与新进人士共同进步。
[2] 此句翻译为：陛下知道臣年老，不会多生事端，或许能为老百姓做点事、造福一方。

成为文坛领袖,他的文章自然而然长期占据邸报的头版头条,万众瞩目。这封谢恩表发布后,一石激起千层浪,坊间反响强烈,大家争相传阅,"新进"们一时沦为笑柄。由于苏轼坚定地反对新法,已经让新党们耿耿于怀、心怀不满。加之他还出言相讥、冷嘲热讽,更是让他们恨之入骨、坐卧不安。这篇文章成为一根导火索,让苏轼引火烧身、惨遭横祸,也引发了中国历史上著名的一桩"文字狱"案。

御史中丞李定是王安石的学生,但为人阴险狡诈、狼心狗肺,曾怕丁忧辞官,隐母丧不报。这在封建社会属大逆不道,被司马光斥责为"禽兽不如",也为爱憎分明的苏轼所不齿。因此他对苏轼心生怨恨,伺机报复。苏轼的上表正好撞在枪口上,让他嗅到了猎机,抓住了辫子,便小题大做,趁机发难。于是李定伙同御史舒亶等人接连上章弹劾苏轼"愚弄朝廷""妄自尊大",说他"衔怨怀怒""指斥乘舆""包藏祸心",对皇帝不忠不敬、忤逆狂悖。同时新党小人们还捕风捉影、落井下石,他们四处搜罗苏轼诗集,并望文生义,空穴来风，鸡蛋里挑骨头，诬蔑苏轼借诗文讽刺新法。如《山村五绝》诗中描写的农人三个月无盐吃，还有燕子与蝙蝠关于日出日落何为一日之始的争论等。甚至为了欲加之罪，还牵强附会地从苏轼的两句诗"*根到九泉无曲处，世间唯有蛰龙知*"中断章取义、信口雌黄，说只有皇帝才是龙，苏轼不求真龙，竟跑到地底下求蛰龙，简直就是欺君罔上、罪该万死。他们的狼子野心昭然若揭，欲置苏轼于死地而后快！

幸好宋神宗虽在变法上有些偏激，但还不至于昏庸，他愤然责备道："*诗人之词，安可如此论，彼自咏桧，何预朕事。*"[①] 天子金口一开，一言九鼎。碰了这颗史上最硬的钉子，还被当场打脸，黔驴技穷的新党小人们这才心不甘情不愿，悻悻作罢。

苏轼不仅是"又臭又硬"的政敌，还身为文坛"老大"，影响举足轻重，穷凶极恶的新党们集羡慕、嫉妒恨为一体，岂肯善罢甘休。一计不成，又

---

① ［宋］叶梦得：《石林诗话》。

生一计。除文字构陷外，他们竭尽谗言，三人成虎，众口铄金，罗织罪名，同时还设谋秘密抓捕苏轼。当朝驸马、苏轼好友王诜第一时间获悉后，非常震惊，立即派人快马加鞭给苏辙通风报信。苏轼一介书生，年少得志，一路鲜花掌声，"几曾识干戈"，惊闻噩讯，猝不及防，如五雷轰顶。他六神无主、不知所措，立即告假，委托通判祖无颇权摄州事。七月二十八日，狐假虎威、凶神恶煞的官差们直扑湖州，抓捕盗寇般缉拿苏轼。祸从天降，吉凶难料。苏轼忍痛与妻子诀别，赶紧留书与苏辙，安排后事。途中自期必死，怕连累亲朋，过扬子江时，即欲自投江中，因吏卒监守未果。苏轼被递解京师后，收押至御史台监狱。因此地种植了大量柏树，林木阴森，乌鸦成群结队在此栖息，旧称"乌台"，故苏轼的案子史称"乌台诗案"。

　　王闰之惊闻苏轼因文字获罪被捕后，又气又急，索性一不做二不休，釜底抽薪，将苏轼与友人的大量通信和手稿付之一炬，消除祸根。当御史台派人搜查苏轼的诗稿、书信等罪证时，已一无所获。此举虽保护了苏轼，却使许多早期珍贵文稿缺失，残存尚不足三分之一，不得不说是难以弥补的千古遗憾。

声名显赫的文坛泰斗、主政一方的"湖州市长"旦夕之间突遭飞来横祸，沦为阶下囚。在阴森恐怖、暗无天日的北宋最高监狱里，"新进"们图穷匕见，为治罪苏轼，尽快结案，对其威逼利诱、辱诟通宵、百般折磨。天堂到地狱的落差，肉体的摧残，心灵的创伤，精神的打击，人格的侮辱，让苏轼痛不欲生，度日如年。被捕前，预感此行必定凶多吉少，常年问道炼丹的他，竟悄悄携带了含有剧毒的青金丹并偷偷藏在监狱的墙缝里，以备不时之需。万一被宣判死刑，作为文人士大夫，与其身败名裂、身首异处，还不如提前自我了断、免受羞辱。

在冰冷黑暗的囚牢中，苏轼深感孤立无助、凄凉无奈，尤其是还处在生死边缘，命悬一线。最终支撑苏轼的精神支柱还是家人和朋友，特别是念及子由的兄弟之缘，骨肉情深。如果自己想不开、寻短见，图一时痛快，就正中敌人下怀，被扣畏罪自杀之名，不但自身冤屈无法伸张，子由也就更百口莫辩，株连受罪。于是苏轼暗暗发誓：为了爱自己的人和自己所爱的人，哪怕忍辱负重，苟且偷生，也必须坚强地活下去，终有一天会云开雾散，柳暗花明，水落石出，沉冤得雪。

在狱中的艰难岁月，每天除了粗暴蛮横的狱卒，唯一能见到的外人和安慰来自儿子苏迈，孝顺的他每天坚持送饭送菜，风雨无阻。因前途未卜，生死难料，于是父子俩暗中约定，平时只许送蔬菜和肉食，万一打听到要被处斩则以送鱼为信，以便早做准备。

天长日久，坐吃山空，苏迈手头拮据，有一天他出城找亲朋借钱，临时托付一位好友帮忙送饭，但忘了告诉朋友那个暗号。这位好友接此任务后，不但精心准备了丰盛的酒肉，而且特地送了一条熏鱼，专门送给苏轼打牙祭、补身体。苏轼一看，大吃一惊！儿子不仅没来，还专门托人送鱼，当场脑袋发蒙，如遭雷击："天命难违，吾命休矣！"既知来日无多，他不禁悲从中来，欲哭无泪。苏轼赶忙给子由写了两首诀别诗，交代后事。"鸟之将死，其鸣也哀；人之将死，其言也善。"[1] 在这两首诀别诗里，心潮澎湃、临表涕零的苏轼首先表示皇恩浩荡，蒙受已多，无以为报，惭愧万分；又表明这次全系己之过错，与别人无关，自己别无所怨；另叙兄弟情谊，生离死别，全家十多口，今后只有全拜托兄弟照顾，动情之处表示"**与君世世为兄弟，又结来生未了因**"。子由接信后，伏案痛哭，泣不成声。

据说宋神宗听闻此事后十分感动。落难见人心，患难现真情。一些前辈长者和同僚好友纷纷替他抱不平、喊冤屈，奔走呼号，四处打点求情，竭尽全力救援。由太子少师致仕、德隆望尊的老前辈张方平，挚友司马光都纷纷出马，王安石亲家、宰相吴充以"曹操尚能宽容祢衡"力谏，时任知制诰、王安石弟弟王安礼仗义执言"**自古大度之主，不以言语罪人**"[2]。苏辙更是急火攻心，请求神宗"欲乞纳在身官以赎兄轼，但得免下狱死为幸"。连

---

[1] 《论语·泰伯篇》。
[2] [元] 脱脱等：《宋史》。

当时已隐居金陵的王安石也为苏轼鸣冤叫屈,上书谏言:"安有圣世而杀才士乎?!"幸亏宋太祖赵匡胤当年曾定下不杀士大夫的国策,而关键时刻,救苏轼小命的还得益于太皇太后的恩慈,才让他绝处逢生。太皇太后病重期间,神宗亲自探望,太皇太后临终前感慨不已:"尝忆仁宗以制科得轼兄弟,喜曰:吾为子孙得两宰相。今闻轼以作诗系狱,得非仇人中伤之乎?捃至于诗,其过微矣。"① 按惯例,如太皇太后驾崩,应大赦天下,但太皇太后专门告诫神宗说:"不须赦天下凶恶,但放了苏轼足矣!"② 苍天好生德,吉人有天相。宋仁宗早年的金口玉言,加之太后的遗嘱,如同两道免死金牌,一锤定音,终于让苏轼绝境逢生、死里逃生。

死罪可免,但活罪难逃。最后神宗下诏"责授检校水部员外郎黄州团练副使(地方民团副职),本州安置,不得签书公事",受当地官员监视。"乌台诗案"中,因与苏轼有交往且收受其诗文而受牵

---

① [元]脱脱等:《宋史》。
② [宋]陈鹄:《耆旧续闻》。

连和处罚的朝廷官员多达三十九人,其中挨得最惨、处罚最重的有三人:高级粉丝、当朝驸马王诜因私泄消息,被削去一切官衔爵位;文艺好友王巩,无辜受连累,被御史们借机公报私仇,含冤贬谪西南边地;兄弟苏辙,由南京判官降调筠州任酒监(负责征收码头盐酒税的小官吏)。至此,这起中国历史上著名的"文字狱"终于尘埃落定、悲壮收场。

沦为囚犯、身陷囹圄的苏轼,在冰冷阴暗、乌啼悲咽的监狱里,度过了一百余天,经历了人生至暗时刻。这既是他身体上的牢狱,也是他精神上的炼狱。面壁悟道,思想将破茧而出;内心折磨,精神将羽化成蝶;凤凰涅槃,人生必将浴火重生!

板荡识英雄,日久见人心。"乌台诗案"所牵涉人物中不可思议、让人大跌眼镜的当属《梦溪笔谈》作者沈括。他与苏轼同朝为官,才华出众,二人互相欣赏,为神交之友。苏轼是多才多艺的文科生,而沈括在天文、数学、律历、音乐、医药等领域颇有造诣。沈括对诗词书画俱精的苏轼十分崇拜。沈括在担任两浙路察访使期间,曾去找在杭州任通判的苏轼求过墨宝,但他在回京后,将苏轼的诗词进行曲解,呈递给神宗,说"词皆讪怼"。当他听说苏轼因"乌台诗案"被捕下狱时,他明哲保身,生怕惹火烧身,赶紧将两人之间的信函上交朝廷,连忙划清界限、撇清关系。

王安石主持变法时他积极参与,摇旗呐喊,冲锋陷阵,被委以重任,政绩突出。后来王安石变法失败,遭罢相贬谪,"识时务者为俊杰"的沈括圆滑玲珑,赶紧调头变向,立即上书新宰相吴充,批评王安石变法的弊病,大表忠心。沈括在政治立场上当墙头草、房顶上的冬瓜两边滚的做法,为新旧两党的人所反感和诟病,最后弄巧成拙,他从三司使、翰林学士一路被贬为筠州团练副使,与旧日的苏轼同级,境遇相同,这对沈括来说略带讽刺。

仕途落魄、郁郁失志的沈括,不得已只好退隐梦溪园,闭门思过,苦心孤诣,潜心研学。"东方不亮西方亮。"仕途不顺的他,做学问倒还有一套,真应验了那句"有心栽花花不开,无意插柳柳成荫"。最后,他十年磨一剑,编撰《梦溪笔谈》,一经问世,便划割时代,创造历史!此书集北宋之前历代科学成就之大成,在古代中国自然科学、工艺技术和社会历史等诸多领域都具有重要历史价值,被誉为"中国科学史上的里程碑"。失之东隅,收之桑榆。沈括竟然成为我国历史上著名的科学家!假如没有"乌台诗案",就肯定不会出现一个叫"东坡"的文坛宗师,也绝对没有《念奴娇·赤壁怀古》,或许也不会有科学家沈括和他的《梦溪笔谈》!

历史无法假设,也无法重来。滚滚长江东逝水,浪花淘尽英雄,是非成败转头空。古今多少事,都付笑谈中……

黄州涅槃 东坡出世

黄州涅槃　东坡出世

元丰二年（1079年）腊月二十九日，除夕，苏轼出狱。在鬼门关走了一圈，恍若隔世，重见天日，他悲喜交集，"*百日归期恰及春，余年乐事最关身*"，但刚好了伤疤又忘了痛，依然旧性未改，"*却对酒杯浑似梦，试拈诗笔已如神*"。① 从此，苏轼的人生开启了一段崭新的历程，堪比过山车的曲折、冲浪般的跌宕。

元丰三年（1080年）正月初一，汴京城内张灯结彩，鞭炮齐鸣，万家团圆，喜气洋洋。在这普天同庆的时刻，作为戴罪之身的苏轼，尽管身体虚弱憔悴、内心沧桑，但按照朝廷的规定，不得不离京赶赴黄州。他泪别家人，心如刀割，在大儿子苏迈的陪同下踏上征程。漫天风雪，纷纷扬扬，道阻且长，前路茫茫。

一路起早贪黑、舟车劳顿，历时一个月，父子俩终于抵达黄州。黄州是长江北岸的一座偏僻小城，位于今湖北黄冈，与武昌（今武汉）隔江相

---

① 两句均出自苏轼《十二月二十八日蒙恩责授检校水部员外郎黄州团练副使，复用前韵》。

望。虎口脱险，惊魂未定的苏轼对黄州的印象是这地方"僻陋多雨，气象昏昏也"，但"鱼稻薪炭颇贱"，物价便宜，很适合穷人居住。父子俩初来乍到，人生地不熟，孤独彷徨，但聊以自慰的是黄州知州徐君猷一直非常仰慕和敬重苏轼的人品才华。现在苏轼虽然失意狼狈，但徐知州丝毫没有嫌弃，反而对他的到来十分欢迎，隆重设宴款待，周到热情，嘘寒问暖，极尽地主之谊。"始谪黄州，举目无亲，君猷一见，相待如骨肉，此意岂可忘哉！"

因衙门无现成住所，父子俩只好暂住黄州名刹定惠院。寺内茂林修竹，环境幽静，古佛清灯，香烟氤氲，梵音袅袅。这种出尘脱世、安宁清静的环境正合苏轼意愿，在此他可以调理休养瘦弱的身体，安抚受伤的内心。安国寺离定惠院约二里，东坡能清楚听到从安国寺传来的晨钟暮鼓，他常去安国寺焚烛拈香、面佛参禅。"一念清静，染污自落，表里儵然，无所附丽。"[1] 历经半生风雨，荣辱斗转，天上人间，坎坷流离，他经常扪心反省、拷问

---

[1] ［宋］苏轼：《黄州安国寺记》。

自身。他感觉自己犹如爬在旋转磨盘上的蚂蚁，又似漩涡风暴中的羽毛，只能"焚香默坐，深自省察，则物我相忘，身心皆空"[1]。同时因湖州任上被捕，朝廷暂停了他的薪水，住在寺庙里他还可以蹭吃蹭住，不用花钱。夜深人静，长夜难眠，他经常半宿醒来，独自在院内徘徊，梧桐叶落凋零，夜空清冷，残月孤悬，心无所依。"缺月挂疏桐，漏断人初静。谁见幽人独往来？缥缈孤鸿影。惊起却回头，有恨无人省。拣尽寒枝不肯栖，寂寞沙洲冷。"[2]

苏轼的到来尤其是他对佛教修悟的精深，让定惠院的长老们视他为知音，待他若上宾，为让他有个清幽的休憩、吟咏之处，还专门在竹林中为他搭建了一间宽敞精舍，名曰"啸轩"。苏轼十分爱清洁、讲卫生，即使是穷困潦倒也依然坚持经常洗澡，他常去安国寺沐浴，并在沐浴后静坐自省，以

---

[1] ［宋］苏轼：《黄州安国寺记》。
[2] ［宋］苏轼：《卜算子·黄州定惠院寓居作》。

洗净内心的荣辱之念。"岂惟忘净秽，兼以洗荣辱。"[1] 据民间传闻，小和尚在帮他提水冲背时，意外发现他背上有七颗痣形如北斗，大为惊奇。于是一传十、十传百，黄州人便说他是天上的文曲星下凡。苏轼听后，付之一笑，不予置之。

当年五月，子由护送苏轼家眷，不远千里来到黄州。历经生离死别，多灾多难的一家人终于团聚了。徐君猷知州亲自接待，将苏轼一大家子安置在临皋亭。临皋亭又名临皋驿，是朝廷设于黄州接待走水路官员的招待所。"临皋亭下不数十步，便是大江，其半是峨眉雪水，吾饮食沐浴皆取焉，何必归乡哉？"[2] 合家团圆，其乐融融，苏轼倍感欣喜，稍解思乡念家之愁。"江山风月，本无常主，闲者便是主人。"[3] 这就是苏轼，他生性乐观、大度豁达，竟然能把异乡当作故乡，把贬谪当作旅游，把日子过成段子。

此时的苏轼因"不得签书公事"，所以朝廷只

---

[1] ［宋］苏轼：《安国寺浴》。
[2] ［宋］苏轼：《临皋闲题》。
[3] ［宋］苏轼：《临皋闲题》。

黄州涅槃　东坡出世

发基本工资，没有补贴和绩效奖金，现在一下又增加了十来张嘴，囊中羞涩，捉襟见肘，日子过得紧巴巴的，吃了上顿愁下顿。但这也难不倒大才子苏轼，他脑洞大开，研究出"廉取节用之策"，别出心裁地实施史上十分严格的"计划经济政策"："日用不得过百五十，每月朔，便取四千五百钱，断为三十块，挂屋梁上。平旦用画叉挑取一块，即藏去叉，仍以大竹筒别贮用不尽者，以待宾客。"① 苏轼将家庭财政精打细算、精心安排，虽然是掰着指头、数着日子过，但"不须顾虑"后，总算松了一口气，心中便少了几许牵挂和烦扰。

在黄州的岁月，苏轼有一个重大发现，宋代有钱人都不爱吃猪肉，只喜好牛羊肉，而"黄州好猪肉，价贱如泥土。贵者不肯吃，贫者不解煮"。苏轼如同发现新大陆般、像捡到宝贝一样赶紧将猪肉买回家，手不停脚不歇，夹毛洗净后，加水下锅，丢入姜片，架在炉上，文火慢炖，稳坐钓台，静待花开。"待他自熟莫催他，火候足时他自美"，待煨

---

① ［宋］苏轼：《答秦太虚书》。

炖出香糯滑软的粑肉，加点盐，捞起后摆盘，再撒少许糖，浇以酱汁，最后撒上葱白。一道鲜香滑腻、咸甜可口、肥而不腻、入口即化，闻名遐迩的美食"东坡肉"，终于在吃货苏轼的精心研究和精致小烹下隆重诞生了！"早晨起来打两碗，饱得自家君莫管。"如此惬意舒适的舌尖上的享受，多么安逸巴适的乡下小日子哟！为此，肉足饭饱、惬意打嗝的苏轼还得意地写了一首打油诗《猪肉颂》。"东坡肘子""东坡肉"的香味穿越时空，穿透历史。时至今日，东坡肉依然是苏轼老家四川婚宴"九大碗"中的压轴硬菜！

东坡肉　　　　　东坡肘子

苏轼虽酒量不大，"吾饮酒至少，常以把盏为乐""余饮酒终日，不过五合，天下之不能饮，无在余下者"，但他好酒、嗜酒，几乎无酒不成席、无酒不成诗。而黄州产的酒很贵,他手头又拮据,消费不起。正当百般无奈、一筹莫展之际,蜀地好友、绵竹武都山道士杨世昌云游至此来看望他。他如获珍宝,喜出望外。他欣闻这位从家乡——"中国白酒之乡"四川来的高人有锦囊妙计、酿酒绝招,于是不顾颜面、软磨硬泡,杨世昌实在招架不住,百般无奈,只好书写了一张酿制蜂蜜酒的秘方,还被迫交出随身携带的酒粙。东坡喜笑颜开,依葫芦画瓢,饶有兴趣地在家做实验,像模像样地酿起酒来。天气炎热,发酵第一天,酒缸内就像鱼儿一样开始吐泡沫;发酵第二天,缸内清光浮面;到了第三天,苏轼激动地一开坛,满屋的清香,醇厚浓烈。他在《蜜酒歌(并叙)》中开心得意地写道"一日小沸鱼吐沫,二日眩转清光活。三日开瓮香满城,快泻银瓶不须拨"。苏轼认为自己发酵成功,成就感爆棚,兴奋异常,热情邀朋约友前来品尝。只是据有关书籍记载,但凡喝过他酿酒的人,没有一个不拉肚子的,就是高僧佛印也未能幸免。

从东坡酿酒的过程分析,他酿的蜜酒或是与醪糟同类的发酵酒。这种酒在发酵时,酒缸要捂在棉被围抱的暖窝里密闭保温，而且不能每天揭盖，以免跑风漏气、散热变质。心急吃不得热豆腐！苏轼也许是太着急了，以致好不容易酿成的酒，吃得客人全部腹痛，令人哭笑不得。据闻，他虽未尝试成功，却大方地将酒方分享给黄州百姓。当地父老乡亲们请了经验丰富的酿酒师傅照方操作，反复试验，居然成功酿成了"开瓮香满城"的蜜酒。乡亲们为了感念东坡赠方之功，亲切地将该酒称为"东坡蜜酒"。"东坡蜜酒"现已成为黄州的名酒和文雅人士们的喜好。

这时候一个特殊、重要人物的出场，对苏轼一生乃至中国文学史影响巨大，他就是苏轼的挚友——马正卿（字梦得）。苏轼曾说："马生本穷士，从我二十年。"[1]"马梦得与仆同岁月生，少仆八日。是岁生者，无富贵人，而仆与梦得为穷之冠。"[2] 这些均充分说明二人有缘：同年同月生、二十载交情，同病相怜。从宋朝到现在，苏轼的粉丝多如牛毛，

---

[1] ［宋］苏轼：《东坡八首·其八》。
[2] ［宋］苏轼：《东坡志林》。

但排名第一的"铁粉"非马梦得莫属!

有缘千里来相会,无巧不成书的是当时马正卿正好在黄州担任通判,辅佐知州处理政务。他看到偶像苏轼如此窘困落魄,焦急万分。苏轼曾作《东坡八首(并叙)》记叙当时的窘迫生活:"*哀余乏食,为于郡中请故营地数十亩,使得躬耕其中。*"在马梦得的协调努力下,知州徐君猷慷慨大方地将军队荒弃的数十亩营地无偿交给苏轼耕种。苏轼终于拥有一块自留地,也算有点家庭副业了。

这块地位于城东,"*地既久荒,为茨棘瓦砾之场*",杂草丛生,乱石成堆。苏轼带领全家老小总动员、齐上阵,换上粗布衣服,挽袖赤膊,舞镰挥锄,挖地开荒,热火朝天。"*而岁又大旱,垦辟之劳,筋力殆尽,释耒而叹。*"投笔从农、躬身务耕,苏轼从手无缚鸡之力的文人到荷锄扶犁的农夫,从泼墨挥毫到担粪浇灌,从风花雪月到汗流浃背,在广阔天地大有作为。黄州老百姓非常热情淳朴,见状也纷纷伸出援助之手,"*四邻相率助举杵,人人*

知我囊无钱"①。

在面朝黄土背朝天的日子里,在春播夏长秋收冬藏的轮回中,直率豪爽的苏轼成天与周边的农夫、樵子、渔民、郎中和匠人打交道,他没有文人的穷酸和架子,经常和老百姓一起吹牛,摆龙门阵,把酒话桑麻,称兄道弟,完全彻底地与基层人民群众打成了一片。他感触良多,内心坦陈:"吾上可陪玉皇大帝,下可陪卑田院乞儿。"②

赵孟頫《东坡竹杖图》

---

① [宋]苏轼:《次韵孔毅父久旱已而甚雨三首》。
② [宋]苏轼:《东坡诗话》。

在早出晚归、晨曦炊烟、牧童横笛、稻田麦浪的田园生活中,苏轼感觉自己越来越像隐居桃花源的陶渊明。他还饶有兴致地把陶渊明的《归去来兮辞》谱曲改成民歌,农闲时教农夫们唱。做农活枯燥无聊时他就一边干活一边自娱自乐地瞎嚷嚷,得意忘形时还扔掉犁耙,手执小棍在牛角上敲打拍子、击节而歌,吓得老牛"哞哞"直抗议,掉头就逃!

其实苏轼与陶潜同为文人,后转做农民,由写诗赋词到耕田耙地,苏轼显然比陶潜转型成功多了。陶潜虽自负清高、坚持"不为五斗米折腰",但"*种豆南山下,草盛豆苗稀*",种豆未得豆,草比苗长得好,分明是他不谙农事、不懂业务。而苏轼明显技高一筹,过之而无不及,委实要专业和成功得多。他曾洋洋自得地向朋友显摆:"*果菜十数畦,桑百余本。身耕妻蚕,聊以卒岁也。*"[1] 可知其已经可以自食其力、自给自足了!两相比较,立分高下,真是没有对比就没有伤害呀!原本肩不能挑手不能提的文弱书生苏轼身体力行,生动地实践

---

[1] [宋]苏轼:《苏轼文集》。

和证明了"自己动手,丰衣足食"的成功之道,也热情地洋溢着他劳有所获的自豪和欣喜!

黄州城东郊的这块坡地注定成为苏轼的转型和转折之处。只有经受肉体的蚀心挫骨才能锻铸出精神上的脱胎换骨,人生要经历蜕皮的痛苦方能拥有蜕变的新生。不久,苏轼将黄州城东的这块"救命福地"郑重地命名为"东坡",同时作为自己的号,并扩大外延称"东坡居士"。从此,震惊中国乃至世界的文化大师苏东坡这个名号横空出世。同时东坡先生还秉承结庐读书的情怀,亲自设计和带领工人在山顶上搭建了五间草房。由于是在大雪纷飞中竣工的,大文人东坡一时兴起,欣然在墙上作画并题名为"雪堂",日后成为他会朋接友、写诗作画的风雅之所。

苏东坡之所以被贬至黄州,李定等新党小人还有一个卑鄙无耻、不可告人的目的。因他们获知苏东坡刚参加工作、任凤翔签判时与知州陈希亮不和,两人交恶。而现在陈希亮的儿子陈慥(字季常)正好隐居在黄州附近的岐亭。将苏东坡打发至此,龙搁浅滩、虎落平阳,正好借刀杀人,报一箭之仇。孰料竹篮打水,如意算盘落空,陈慥为人正直、心胸开阔，与苏轼已成莫逆之交，得知苏轼倒霉落难，愈发同情，经常来看望他。故人异地相逢，自然喜出望外。两人经常约饭，请吃请喝，从而发展出深厚的友谊。苏东坡在《岐亭五首》中得意扬扬地写道，好兄弟季常"知我犯寒来，呼酒意颇急"，而且每次接待都搞得雷翻阵倒，吓得全村鸡飞狗跳，"抚掌动邻里，绕村捉鹅鸭"。

苏轼在黄州四年，就有百余天和陈季常待在一起。两人志趣相投、情同手足，互相欣赏，经常在一起喝酒聊天，有时耍高兴了甚至忘记回家睡觉。陈季常的妻子柳月娥看到两个大老爷们成天混在一起，不务正业，吃醋发飙，惧内的陈季常经常被吓得半死。可是损友苏东坡看到好朋友的狼狈窘样，非但不同情，反而一脸坏笑，更过分的是他居然还恶搞，写了一首《寄吴德仁兼简陈季常》，其中一句"忽闻河东狮子吼，拄杖落手心茫然"，后来衍生出"季常之癖"这个典故和一个广为流传的成语"河东狮吼"，这让陈季常同志顺理成章地成为中国历史上著名的"耙耳朵"，并载入史册。

元丰六年（1083年）十月十二日夜，月光如水，随风吹皱，映入窗帘。临睡的苏东坡困意顿消，兴致盎然。如此良辰美景，岂可辜负？何不赏月去！说走就走，苏东坡立即穿上衣服，趁着月色，乘兴出门，直奔承天寺，找同样落魄挨贬、寄居寺内的难兄难弟张怀民。二人心有灵犀一点通，英雄所见略同，尚未就寝的怀民于是与东坡一同在寺内赏月。皎洁的月光洒满庭院，如流水静静倾泻一地，似真似幻，如梦如烟。竹柏摇曳，影随风动，二人好像驻足水面，缓缓而行，何等浪漫梦幻，何其风流潇洒。苏东坡感慨之余，即兴写下《记承天寺夜游》。

> 庭下如积水空明，水中藻、荇交横，盖竹柏影也。何夜无月？何处无竹柏？但少闲人如吾两人者耳。

黄州西北的长江之畔，有座雄伟险峻的山麓，突兀斜刺入江中，石头颜色鲜红如丹，传说为三国古战场、火烧赤壁遗址、昔日曹公兵败之处，因而当地人称之为"赤壁（鼻）矶"。闲暇时候，东坡经常呼朋唤友，相约来此郊游，载酒放舟，游山玩水，缅怀凭吊，对酒当歌。尽兴时一樽浊酒酹江月，满船清梦压星河。

黄州赤壁峰立千仞，如刀劈斧削，直刺苍穹；像帆樯如林、战舰列阵。长江呼啸而来，汹涌澎湃，咆哮如雷，如战鼓狂擂、人啸马嘶；山林参天蔽日，草木葱茏茂盛，似军旗猎猎，伏下雄兵百万。东坡一行荡舟奋楫，劈波斩浪，穿行其中，徜徉流连。忽然间阴云蔽日、风声鹤唳、涛声震天、赤壁如火，仿佛穿越至当年千帆竞发、万炮齐鸣的壮观场景，梦回千军万马、混战厮杀的悲壮战场，目睹火烧曹军战舰、赤壁大捷、吴蜀士兵呐喊声彻长空的壮举！

一会儿风吹云散，太阳露头，清风徐来，归于宁静，只有滚滚长江涛声依旧诉说着那些往事，赭红残垣断壁见证着这段历史，令人情难自抑，不由得想起当年横槊赋诗、壮心不已的曹操，雄姿英发、羽扇纶巾的公瑾，风华绝代、闭月羞花的小乔，但如今这一切都随着赤壁的烈火气化在历史的烟云中，流逝在长江的浪花里，淘尽在岁月的长河底。历史几多豪杰、古今多少往事，指点江山，弹指一挥间都付诸东流水。东坡抚今追昔，思古幽今，壮怀激烈，一挥而就，写下了千古绝唱《念奴娇·赤壁怀古》。

大江东去，浪淘尽、千古风流人物。故垒西边，人道是、三国周郎赤壁。乱石穿空，惊涛拍岸，卷起千堆雪。江山如画，一时多少豪杰。

遥想公瑾当年，小乔初嫁了，雄姿英发。羽扇纶巾，谈笑间、樯橹灰飞烟灭。故国神游，多情应笑我，早生华发。人生如梦，一尊还酹江月。

苏轼《赤壁赋》（词碑）

此词一出，如同一道霹雳闪电，震惊文坛，惊艳时代！这首词雄伟磅礴、气势如虹、豪迈奔放、慷慨激昂，直让人心潮澎湃、血脉偾张、欲罢不能！从此毫无争议地奠定了苏东坡在宋词中的开派宗师地位，具有划时代的意义，在中国乃至世界文学史上都有着十分重要的影响！

上天给苏东坡关了一道门，但同时又给他多开了何止一扇窗！贬谪黄州的东坡在这里得到了劳动的锻炼、生活的磨炼、人生的历练、心灵的淬炼，逐渐使他的人格净化、内心强化、灵魂升华！

有一次东坡醉酒回家，"家童鼻息已雷鸣。敲门都不应，倚杖听江声"。于是无奈的东坡就在门外独自枯坐了半宿，百无聊赖之际顺便就写下了著名的《临江仙·夜归临皋》，从字里行间你可以读出和感受到一位长者的慈祥宽厚和包容体贴。"长恨此身非我有，何时忘却营营"是他内心的反躬自省和迷惘怅然。"小舟从此逝，江海寄余生"是他随波逐流的无奈和渴望精神放逐。在《定风波·莫听穿林打叶声》中，"莫听穿林打叶声，何妨吟啸且徐行"是他面对突如其来的风雨，自知既已无法逃避，还不如坦然、勇敢面对的那份泰然自若。"一蓑烟雨任平生"更彰显了他的乐观主义和大无畏精神。"回首向来萧瑟处，归去，也无风雨也无晴"是一种经历骇浪惊涛、洞穿人生的淡定和从容。在《赤壁赋》中，"纵一苇之所如，凌万顷之茫然。浩浩乎如冯虚御风，而不知其所止；飘飘乎如遗世独立，羽化而登仙"是一种轻舟已过万重山的轻快，物我两忘、飘飘欲仙的飘逸和潇洒。"寄蜉蝣于天地，渺沧海之一粟"是仰观宇宙、俯瞰大地、反思人生的感慨感悟：个人渺小如沧海一粟、人生短暂如白驹过隙。在《行香子·述怀》中，"几时归去，作个闲人，对一张琴，一壶酒，一溪云"是内心渴望返璞归真，向往出尘脱俗的那份隐逸闲适、逍遥自在。

且夫天地之间，物各有主，苟非吾之所有，虽一毫而莫取。惟江上之清风，与山间之明月，耳得之而为声，目遇之而成色，取之无禁，用之不竭。[1]

---

[1] ［宋］苏轼：《赤壁赋》。

黄州涅槃　东坡出世

宦海沉浮、生死看淡后，东坡先生对取与舍、得与失有了更深刻的认识和更新的觉悟，其实"命里有时终须有，命里无时莫强求"①，道法自然，顺其自然，勉强不得，勿存奢望，实在不行就尽情享受明月、清风这些大自然的馈赠吧！月夜再次泛舟赤壁，夜空中他看到"适有孤鹤，横江东来，翅如车轮，玄裳缟衣，戛然长鸣……梦一道士，羽衣蹁跹"②，如同蝴蝶梦了庄周，东坡看到了仙鹤，但道士又似乎摇身一变，成了仙鹤！

在此期间东坡还非常欣喜地接待了无辜受自己牵连而被贬至边陲广西宾州、期满北归的老友王巩（字定国）。东坡对此一直十分内疚，郁结于心。这是"乌台诗案"后两人第一次见面。劫后余生，老友重逢，一个刑期已满，一个尚在"改造"，两人分外高兴、把酒言欢。本以为王巩遭此横祸，流放千里蛮荒之地，条件艰苦恶劣，应是憔悴不堪、老态龙钟，谁知他竟然鹤发童颜、满面红光、精神

---

① ［明］佚名：《增广贤文》。
② ［宋］苏轼：《后赤壁赋》。

矍铄。"常羡人间琢玉郎，天应乞与点酥娘。"①

东坡惊讶万分，非常羡慕这对饱经沧桑的患难夫妻，并好奇地问王巩："定国坐坡累，谪宾州。瘴烟窟里五年，面如红玉，尤为坡所敬服。"② 王巩大手一挥，爽快大笑道："坡兄不必自责，士为知己者死！何况生死由命、上天注定，何必太在意，心放宽便是了！"让只身追随自己多年，同甘共苦的小妾宇文柔奴（也称寓娘）献歌。柔奴明眸皓齿，轻启朱唇，婉转动听，如雪清凉。东坡更是诧异，专程请教寓娘"广南风土，应是不好？"柔奴平静如水地回答："此心安处，便是吾乡。"东坡唏嘘感慨，半晌无语，沉思片刻，写下了《定风波·南海归赠王定国侍人寓娘》"试问岭南应不好，却道，此心安处是吾乡。"这是一种出尘入世、豁达透彻的精神境界。即便是生活所迫，如风吹蒲英，似雨打浮萍，也应随遇而安。既去之，则安之，心安定、安宁才能安身、安神！"万里归来颜

---

① [宋] 苏轼：《定风波·南海归赠王定国侍人寓娘》。
② [宋] 罗大经：《王定国赵德麟》。

愈少，微笑，笑时犹带岭梅香。"这句词无意之间演变为千年后流行的网络歌词："愿你走出半生，归来仍是少年！"

到黄州后的第三年清明节，面对凄风冷雨、湿柴冷灶，东坡触景生情、惆怅感伤，挥泪染纸，动情地写下了中国书法史上著名的《寒食帖》："自我来黄州，已过三寒食。年年欲惜春，春去不容惜……"帖中他还专门提到令他悲中有喜、兴奋激动的，莫过于在黄州的杂草丛中居然发现了一株亭亭玉立的海棠，这本是家乡"海棠香国"嘉州和眉州才有的特产。如此珍稀的海棠，怎会现身于此？一定是鸟儿自家乡衔来，才会在此落地扎根，既突然也很偶然。同是老乡但都身处异乡，感同身受，因此他担心："卧闻海棠花，泥污燕脂雪。"落魄的窘况，思乡的情结，跃然纸上，笔墨灵动。该篇文

海棠花

字粗犷豪迈，气势苍劲，肆意奔放，意境悲凉，伤感孤独。《寒食帖》不仅从文字内容上读起来能够让人体会东坡情感从平静到伤感再到槁木死灰的悲愤，而且从他的书法中也能看出字体开篇从工整、迟滞、缓慢再到潦草、痛快、奔放的转变，堆墨、悬针、飞白、变奏、牵丝，笔法婉若游龙、翩若惊鸿，技艺游刃有余、炉火纯青，心情也从刚开始的压抑节制直至放肆、挥洒、爆发！诗与书、文与字，在形式和情感上和谐统一，灵与魂高度契合，艺术和技巧双剑合璧。因此该帖成就极高，为绝世珍品，被世人公认和誉封为"天下第三行书"！①

苏东坡闲暇之余拜佛参禅，格物修道。即使囊中羞涩、生活困苦，他也非常注重养身，勤练气功，浴足梳头，叩齿吞津，打坐吐纳，采药炼丹，而且时常自我感觉良好，有几分自恋，还特别臭美。在黄州时他还经常写信向朋友炫耀："我跟你

---

① 天下三大行书是指王羲之的《兰亭序》、颜真卿的《祭侄文稿》和苏轼的《寒食帖》。

吹嘛，最近我养生又有新进展，别人都夸我长得越来越帅了！我现在可能是全黄州'最靓的仔'啦！另外画寒林墨竹，已经有出神入化的感觉了，行草呢也写得龙飞凤舞啰！"在送本地书生潘大临赴省参试时，他在即兴发挥的《蝶恋花·送潘大临》中得意地自夸"回首长安佳丽地，三十年前，我是风流帅"，简直令现代人咋舌和惊诧！真是难以想象，不可思议！早在900多年前封建社会的宋朝，东坡先生就率先提出"风流帅"这个概念，实在太新颖和时髦了！这个段位比现在的"高富帅"，不知要超越多少个档次和层级，真怀疑他究竟是不是从现代穿越回去的！

元丰七年（1084年），贬谪黄州四年的苏东坡终于接到诏命，调任汝州团练副使。赴任途中，苏东坡与朝云唯一的儿子却不幸夭亡。中年丧子、白发人送黑发人的东坡心如刀绞、悲恸万分，于是上书朝廷，请求暂时不去汝州，先到常州居住，后被批准。

在途经江西九江，路过庐山时，他还深受感触，写下了广为传颂的《题西林壁》。同样是看庐山、赏风景，唐朝的李白与宋代的苏东坡两位"顶级大咖"，眼中的风景和心中的感受却截然不同、风格迥异，两人才华绝世，两篇不朽之作《望庐山瀑布》和《题西林壁》成为历史上咏叹庐山的双绝，令人叹服！李白看庐山主要是看瀑布，角度是遥看、仰视："日照香炉生紫烟，遥看瀑布挂前川"；而东坡则是看山，角度是横看、侧观，由远及近、从低到高，是全方位和多维度的："横看成岭侧成峰，远近高低各不同"。李白眼前的风景是"飞流直下三千尺"，感受是"疑是银河落九天"，气势磅礴，直上九天，浪漫豪气；而东坡面前的景象则是"不识庐山真面目"，云缭雾绕，神秘莫测，不见尊容，因而万分感慨"只缘身在此山中"，是剖析和反思，而且生动形象、意味深长地诠释了"当局者迷，旁观者清"的人生哲理。

同年六月，苏东坡从齐安乘船到临汝，由于大儿子苏迈即将赴饶州德兴县任县尉，因此顺道送他到湖口，有幸见识了传说中神乎其神的石钟山，并写下《石钟山记》。"石之铿然有声者，所在皆是也，而此独以钟名，何哉"？这不禁引发了对科考有浓厚兴趣的东坡的质疑和好奇,他从来不轻信、不迷信,本着科学负责的态度和严谨的治学精神,他以打破砂锅问到底的执着,追根溯源,刨根问底。不仅白天现场实地考察,而且"至莫夜月明,独与迈乘小舟,至绝壁下。大石侧立千尺,如猛兽奇鬼,森然欲搏人;而山上栖鹘,闻人声亦惊起,磔磔云霄间;又有若老人咳且笑于山谷中者,或曰此鹳鹤也。余方心动欲还,而大声发于水上,噌吰如钟鼓不绝。舟人大恐"。是夜,月光朦胧,水流湍急,风大浪高。东坡一行于江心锚舟,泊于悬崖绝壁下。惊鸟阴惨凄厉地哀啼,狰狞如猛兽的怪石,鬼哭狼嚎般地风啸,阴森恐怖的夜景,令人不寒而栗,两股战战。文弱书生苏东坡竟然有这种强烈的求知欲望和执拗的探索精神,如此超凡的勇气和过人胆识,并临危不乱、镇定自若,着实令人钦佩叹服!所以显而易见,为什么在中国历史上文化最繁荣鼎盛的大宋仁宗一朝,在英才辈出、清流云集的文坛顶流中苏东坡能脱颖而出、鹤立鸡群,并不是幸运、偶然,更非浪得虚名,确属实至名归!

近而"徐而察之,则山下皆石穴罅,不知其浅深，微波入焉，涵淡澎湃而为此也。舟回至两山间，将入港口，有大石当中流，可坐百人，空中而多窍，与风水相吞吐，有窾坎镗鞳之声，与向之噌吰者相应，如乐作焉"。功夫不负有心人，最终东坡先生通过亲自到江边下深水、钻石洞，实地考察，发现了石钟山的奥秘，查明了其得名的真相。于是苏东坡感慨良多："事不目见耳闻，而臆断其有无，可乎?"他亲力亲为，雄辩地证明了"没有调查，就没有发言权"这一真理！眼见才为实，耳听则为虚。他躬身实践，用事实告诉世人：凡事切不可道听途说，妄下结论，以其昏昏使人昭昭，甚至以讹传讹。

七月，苏东坡在赴常州途中特意绕道江宁，专程拜访辞官隐居金陵的前宰相王安石。两位文采盖世、才华卓越的诗人和政治家，曾因"变法"政治主张不同，血气方刚的苏东坡与其针锋相对、口诛笔伐，因此令心无旁骛抓变法、一心一意谋改革的"执拗公"王宰相的权威受到莫大质疑和挑战，他大发雷霆、火冒三丈，亲自安排和纵容了对苏东坡的追责问罪和迫害打击。苏东坡也为此付出了沉重代价，不仅丢官甚至差点丢了小命。但当苏东坡处于生死存亡的关键时刻，王安石挺身而出，主持公道，大声疾呼，对东坡有救命之恩。而现在苏东坡获罪惨遭贬谪，王安石两度罢相，彻底归隐。同是天涯沦落人，都系红尘不归客。

此时，王安石大病初愈，听说苏东坡来访，激动万分。一大早就身着平素的粗布衣服，骑着毛驴赶到江边，手搭凉棚，翘首期盼。船刚拢岸，尚未停稳，东坡就远远看见江边有位弯腰驼背的老者步履蹒跚而来，来不及冠带的东坡慌忙出舱，长揖而礼，检讨自责："*轼今日敢以野服见大丞相！*"王安石拱手还礼，爽朗大笑："*礼岂为我辈设哉！*"言罢，双方紧紧握手，相视哈哈大笑。两位名垂青史的大家，曾经的政治仇敌和死磕对头，终于握手一拍释旧怀，相逢一笑泯恩仇。两人虽曾政见不同，但都心系社稷、忧国忧民；即便有斗争也纯属工作分歧；大家都胸怀天下、情牵苍生；谦谦君子，周而不比、和而不同；二者都道德高尚、行事磊落。现无官一身轻，抛开政治、不谈国事后，二人惺惺相惜，

"流连宴语",骑驴看山,写诗作词,谈佛论道,抚琴唱和,开怀痛饮。可谓知己知音,笑傲江湖,快意生平事,诗酒趁年华!

本次相聚,苏东坡也终于找到机会为以前年少轻狂时在王安石所作《咏菊》诗稿上班门弄斧、无知狂妄题词的事当面致歉,负荆请罪。这个故事后来被明代冯梦龙收录进《警世通言》,传为文坛趣闻。话说有一天苏轼去拜访宰相王安石,恰好他临时有事外出。东坡在书房久等不回、无聊透顶,无意看到案桌上有篇诗稿,只写了开头两句:"西风昨夜过园林,吹落黄花满地金。"墨迹犹未干,定是王安石即兴之作。于是苏东坡好奇地吟咏、仔细揣摩,认为诗里描写的场景有违常理:"西风"是秋风,"黄花"是菊花,菊花敢与风霜雨雪斗,最为耐寒,即便枯萎了,一般也不会轻易掉落,何来被秋风吹落一说?才思敏捷、自命不凡的苏轼心想这位文坛前辈莫不是老糊涂了,马失前蹄,犯低级错误,真是贻笑大方。他一时冲动,技痒难耐,就直接在后面题了两句:"秋花不比春花落,说与诗人仔细吟。"左等右等不见王安石归来,于是迈着豪迈的步伐，扬长而去。据说王安石回府看见后，只是摇头苦笑，一言未发。

后来苏轼被贬黄州后，有一年九九重阳夜，好友陈季常邀请他喝酒赏菊，忽然一阵萧瑟猛烈的秋风吹过，但见大片的菊花掉下枝头，飘飘洒洒，落英缤纷，满地铺金。东坡霎时张口结舌，大惊失色！原来秋风真能吹落菊花！他情不自禁地想起了当年关公门前耍大刀，好为人师地给王安石续诗的事情，顿时羞愧难当、无地自容，恨不得一头钻进地缝。饶是他自以博古通今、知识渊博，其实也有一知半解、寡闻少见的时候。彼时方知天外有天，人外有人。此事也成了东坡的一块心病，如鲠在喉，这次终于能当面致歉，了却遗憾。此时豁达开朗的王安石只是爽朗一笑，摆手称罢，其实内心已对这位已成长为新一代文坛领袖的后辈严谨的治学精神、勇于自我批评的勇气、宽广博大的胸襟深感钦佩！

两人相见恨晚，盘桓经月，捐弃前嫌，难舍难离。王安石甚至希望东坡能够就此买田，比邻而居，抱团养老。但苏东坡去意已决。两人依依惜别,挥手自兹去,王安石由衷地感慨,自言自语道:"不知更几百年,方有如此人物!"两年后,年老体弱、忧郁孤愤的王安石不幸去世,此次见面竟成为两个文豪的诀别!

东山再起 京华春梦

东山再起　京华春梦

元丰八年（1085年），当苏东坡准备南返常州时，突闻宋神宗驾崩，年幼的哲宗即位，由太皇太后高氏临朝听政。高氏起用当时因反对王安石变法而退隐洛阳、潜心修著《资治通鉴》，如今誉满天下的保守派领袖司马光为宰相。随着司马光主政，他废除了王安石留下的新法，并重新起用了一些反对王安石变法的官员，其中就包括苏东坡。

在司马光的竭力举荐下，苏东坡赓即改任登州知州。谁知到任才仅仅五天，朝廷又紧急下令，调苏东坡任礼部郎中，后迁起居舍人、中书舍人。不久，再晋升为翰林学士知制诰，其后又兼侍读。真可谓"芝麻开花节节高，鲤鱼一跃跳龙门"！短短一年多时间，东坡先生如鱼得水，官运亨通，"运气来了挡都挡不住"，从比七品芝麻官还小两级的从八品犯错官员突飞猛进，一路飙升至正三品，甚至几年后居然跻身从二品高官，创下了前所未有的官场纪录。彼时，弟弟苏辙也终于时来运转，扬眉吐气，从筠州酒监改任徽州绩溪（今属安徽）县令，不久又调京任秘书省校书郎。一同被贬又同时翻身、荣辱与共的亲兄弟历经苦难，再度在京城团聚。

从偏僻的黄州重返繁华的京都，从贬谪犯官再回朝廷权力中枢，仿佛从地狱到天堂，真是"世事一场大梦，人生几度秋凉"！但彼时的东坡早已阅尽人间沧桑，宠辱不惊，淡定内敛，内心返璞，"穿衣要穿布，吃菜要吃素。"即使广厦千间，夜眠只能八尺；饶是良田万顷，日食不过一升。他在一次早春与友人游南山野餐时，品味了"雪沫乳花浮午盏"的淡雅，品尝了"蓼茸蒿笋试春盘"的新鲜，不由自主地感慨：酒肉穿肠过，回归生活本质，无非"人间有味是清欢"。这种默默地品、清清地味、淡淡地欢、浅浅地喜，才最悠长、最纯粹、最本真，宛如一缕茶香、一瓣花香润心般怡然熨帖。这是一份洞察世事后的清醒，一襟恬淡宽广的胸怀，一种豁达通透的生活态度！

而今的苏东坡终于过上了安稳优越、舒服舒心的城里生活。一日，东坡退朝食罢，扪腹徐行，这是他独特的养生法，忽然心血来潮，顾谓侍儿曰："汝辈且道是中何物？"一婢遽曰："都是文章。"坡不以为然。又一人曰："满腹都是机械。"坡亦未以为当。至朝云，乃曰："学士一肚皮不入时宜。"坡捧腹大笑。① 难怪东坡会说："知我者，唯有朝云也。"朝云与东坡先生可谓高山流水、知心知音。

翰林学士知制诰一职历来是由大宋知名的学者担任，该职的一项重要职责就是为皇帝草拟圣旨。在任期间，苏东坡共拟了约八百道圣旨，无不旁征博引，譬喻精辟，严谨工整，文采飞扬。后来有位继任者洪迈（字景卢），也是一位知识渊博的著名学者，他对自己的文才颇为自负，曾骄傲自满地问当年侍候过苏东坡的老仆，自比东坡如何。老仆平静自如地回答："东坡大人并不见得比您高明，但他写作时从来不用查阅书籍。"

---

① ［明］蒋一葵：《尧山堂外纪》。

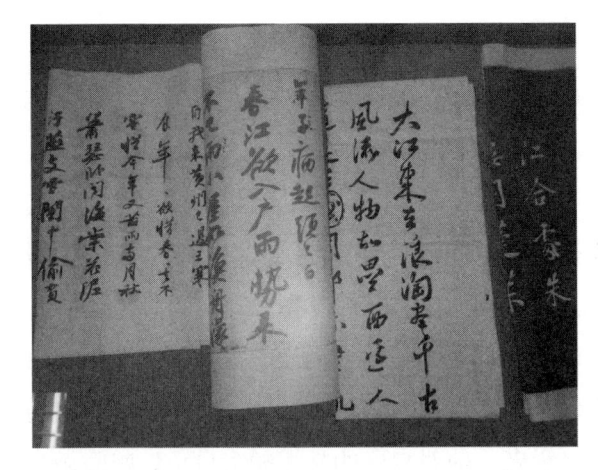

苏轼草书《念奴娇·赤壁怀古》局部（惠州东坡纪念馆）

苏东坡从小酷爱书法，勤学苦练，师法颜真卿和二王，精研深耕，功力深厚。他从不墨守成规，善于推陈出新，豪放不羁，大气磅礴。曾自言："我书意造本无法。""自出新意，不践古人。"其字用墨饱满，结字扁平，筋骨强壮，丰腴遒劲，风格奇特，成为名震书坛的一代宗师！东坡的得意门生黄庭坚（字鲁直）也是诗人和书法家，在北宋书坛"四大天王"中排名仅次于师父，两人情趣相得，亦师亦友，经常一起切磋探讨。

黄庭坚的字清瘦且多波折，长画婉转缠绕，如

东山再起　京华春梦

长枪大戟，酣畅淋漓。有一天庭坚灵感如火花四射，于是磨墨铺纸，大笔一挥，一幅笔走龙蛇、行云流水的草书作品新鲜出炉，一时自我感觉良好，仿佛水平已直追二王，于是按捺不住找东坡指教。苏老师则气定神闲，背手踱步，一会儿近观端详，一会儿又摇头晃脑，半晌才抚须长叹："鲁直呀！你这幅字简直令我不晓得怎么评价了？"庭坚一听以为要表扬自

苏轼大楷《醉翁亭记》局部（碑文）

己，心中狂喜，声音颤抖道："老师您但说无妨！"东坡却一本正经地板着脸，慢吞吞地说："鲁直近字虽清劲，而笔势有时太瘦，几如树梢挂蛇！"刚才还兴冲冲、喜洋洋的庭坚遭当头一棒，如冷水浇头，差点没一口气背过去，他使泼耍赖，发扬"鸭子死了嘴巴硬"的精神，回怼师父说："公之字固不敢轻论，然间觉褊浅，亦甚似石压蛤蟆！"东坡当面被呛，一时语塞。两人四目相对，半晌无言，

123

突然忍俊不禁，"二公大笑，以为深中其病！"宋人曾敏行在《独醒杂志》中记载了这桩书坛逸事，此事成为中国历史上君子之交、诤友直言、胸襟坦荡、求同存异的典范。

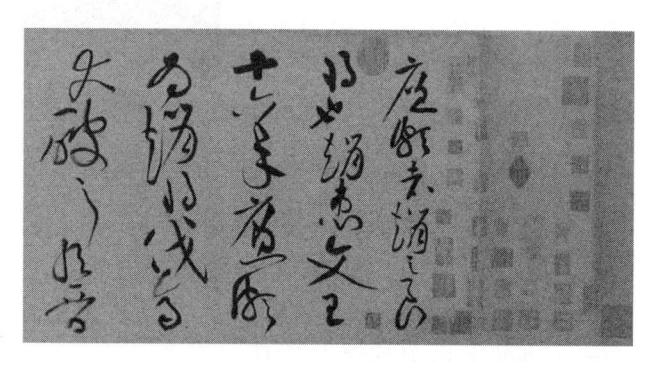

黄庭坚草书《廉颇蔺相如列传》局部

黄庭坚行书《松风阁诗帖》局部

苏东坡有位好友叫张先，文采俊秀，风流成性，时为婉约派词人，尤其擅长描写美女和说愁，其中有一经典句子:"心似双丝网,中有千千结。"① 此句广为流传,人尽皆知。张先同志桑榆不服晚,人老心不老,在八十高龄时居然还迎娶了一位十八岁的小妾,红烛洞房,大宴宾客。这个八零后忘乎所以,恬不知耻地吟诗一首:"我年八十卿十八,卿是红颜我白发。与卿颠倒本同庚,只隔中间一花甲。"东坡见他"老牛吃嫩草",存心调侃戏弄老朋友,也即兴和诗一首:"十八新娘八十郎,苍苍白发对红妆。鸳鸯被里成双夜,一树梨花压海棠。"② 嘉宾们听后笑得前俯后仰,捶胸跺足。

一朝天子一朝臣,你方唱罢我登台。以司马光为首的保守派势力卷土重来,执掌大权后,政治形势立即发生了地覆天翻的变革。保守派一上来就彻底废除新法,对其全盘否定,一棍子打死。苏东坡尽管过去也曾反对过新法,但因在地方历练多年,深知改革利弊得失,知晓百姓心声和呼声,因此他多次向司马光建议尽去其弊而不变其法,顺民悦而

---

① [宋] 张先:《千秋岁·数声鹈鴂》。
② [宋] 苏轼:《戏赠张先》。

事易成。他主张凡事应调查研究，实事求是，区别对待，尊重民意，切不可因噎废食。他建议像免役法等行之有效、利国利民的良法应予以保留，而一些不切实际、祸国殃民的劣制，就应该毫不留情地彻底废除！

元祐元年（1086年），司马光提议将大宋历经数年，艰苦卓绝、浴血奋战才打败西夏，重新夺回的米脂等五寨领土拱手割让，并恢复过去已废除的岁币赏赐。一时间朝中沸沸扬扬，群情激愤，而宰相司马光迂腐冥顽、置若罔闻，甚至还振振有词：泱泱大国、礼仪之邦，应该采取怀柔政策，以德服人、教化蛮夷，让其口服心服，这无异于割肉喂鹰、舍身饲虎。打了胜仗居然还割地赔款，岂不荒唐？宁为玉碎，不为瓦全！面对这种行径，苏东坡义愤填膺，振臂疾呼："为国不可以生事，亦不可以畏事！"[1] 据闻，无可奈何、气愤不过的他痛骂固执僵化的司马光简直就是一头犟拐拐"司马牛"！

苏东坡坚持原则，一身正气，恩怨分明，眼里

---

[1] ［宋］苏轼：《因擒鬼章论西羌夏人事宜札子》。

不容沙子，不追随、不盲从，不妥协、不屈服。他从来都是对事不对人，做得好就点赞，做得不好就拍砖！时任秘书省正字刘安世曾客观公正地评价道："东坡立朝大节极可观……在元丰，则不容于元丰，人欲杀之；在元祐，则虽与温公（司马光）议论，亦有不合处，非随时上下人也。"① 苏东坡性情刚直，不圆滑世故，以至于新旧两党对他既用又疑，既爱又恨，他也成了"周瑜讨荆州"，两面不讨好。但这也正是他的可敬可爱之处，他独善其身、操守忠贞。这种卓然独立的人格，雪松挺立般的高洁，无不让后人高山仰止、景行行止。

当年十月，司马光去世。苏轼因在一些政治主张上与保守派存在分歧，迅速被卷进政治漩涡，成为保守派的心腹之患。一部分身居要职、居心叵测的小人趁机捏造事实，栽赃陷害，对他弹劾不断。尽管太皇太后深明大义，呵斥压制，但弹劾之风仍然屡禁不止，朝堂上硝烟四起。东坡穷于应付，身心俱疲。"乌台诗案"的切肤之痛，贬谪黄州的覆

---

① ［宋］车若水：《脚气集》。

辙之伤,让他心有余悸。他决意急流勇退,抽身权力中心,远离是非之地。于是多次诚恳上书,言辞恳切,乞求外调。太皇太后终于理解他的处境和心情,万般无奈地同意了他的请求。

急流勇退 浮萍小舟

急流勇退　浮萍小舟

元祐四年（1089年），苏轼被加封龙图阁学士，出任杭州知州。花开两朵，各表一枝！值得庆幸的是，弟弟苏辙吸取前车之鉴，痛定思痛，变得更加睿智成熟、老练稳重，仕途顺利，已升任吏部尚书，赐翰林学士。

逃离樊笼的苏东坡终于如释重负，却既喜亦忧。喜的是前度苏郎今又来，故地重游再为官；忧的是此时杭州生态环境恶劣，百姓困苦不堪。作为杭州"母亲湖"的西湖，由于长期未能疏浚，淤塞过半，"葑台平湖久芜漫，人经丰岁尚凋疏"①。湖水逐渐干涸，湖中长满野草，严重影响了城区的饮用水源和农业灌溉。若不及时清淤疏浚，西湖将被野草吞没，先"稀"后"无"，直至消失。于是他紧急上书朝廷，陈明利害，申请补助；同时自筹资金，组织发动民工二十万人次，清除葑田，恢复旧观。

可是面对堆积如山、成千上万吨淤泥和水草，在仅有牛车、马车和人力推车运输的宋代，如何搬

---

① ［宋］苏轼：《去杭十五年复游西湖用欧阳察判韵》。

运成了一道难题。自徐州抗洪治水后便自学成才的"水利工程师"苏东坡灵机一动，计上心来：既然搬不走，何不就地消化处理呢？于是采取横跨南北、纵贯西湖、修筑凹型的砖石堤。将晒干后的淤泥与碎石掺杂拌匀后，就地作为填充层，夯实压紧做成路基，形成步行道主骨架工程。同时，沿线设计六座拱形桥梁相连接，配套建了九个亭子供行人休息，堤旁栽种芙蓉、垂柳。

苏堤

修建长堤，不仅节省了大量搬运淤泥的费用，

急流勇退　浮萍小舟

降低了筑堤工程造价，还方便了湖边住户直接出行，更为可圈可点、可歌可颂的是，它造就了西湖上一道亮丽风景线，成为化腐朽为神奇的经典之作，后人因此亲切地称其为"苏堤"。每逢春天早晨，烟柳笼纱、波光树影、鸟鸣莺啼、美不胜收。"苏堤春晓"成为著名的西湖十景之一。

为了防止水草死灰复燃、再度滋生，苏东坡还想出了毕其功于一役的好办法：将岸边的湖面租给老百姓种植菱角。因为种菱角必须清除水草，所以每年老百姓都会自觉主动去清理，政府就节约了除草费用。同时老百姓种植菱角会增加收入，政府也相应收取了租金，专款专用于湖的治理和堤的维护，可谓一举三得！为了限制老百姓过度种植和开发利用湖面，于是又在湖中建造了三座石塔，围成一个区域，禁止民众在此区域种植和作业，三塔作为坐标，后来竟成为西湖的地标，并演变为著名西湖十景中的"三潭印月"！

三潭印月

苏东坡注重养生，勤研医学，他收集验方，整理成册，留济后世。他亲自动手写下了《养生说》等文章，经后人整理编辑成《苏学士方》，成为我国养生学的珍贵资料，流传华夏，远播东洋，至今仍方兴未艾。

为解决老百姓就医难、就医贵的问题，苏东坡不仅划拨公款两千缗，而且自己还捐出五十两黄金，在杭州城中心众安桥，创立了中国最早的公立医院——"安乐坊"，率先实行官方主导的慈善救济。后来该医院迁到西湖边，改名"安济坊"。

急流勇退 浮萍小舟

在杭州，困扰民生的另一个突出问题便是城区供水问题。当时，城区供水采取的措施是把山泉引流汇聚于西湖，再用大竹管分别输送到城区周边的六个水库，然后分片区接入城中供居民饮用。由于输水管是用大竹筒连接而成的，日晒雨淋，容易破损开裂，加之还需穿越西湖，而彼时湖内尚未清淤，水体易污染变质，污水便会浸润入破损管内。因此，居民饮用水流量小，水质差，有异味。

为此东坡专程走访调研，召集工程技术人员会商，专题研究改进方案和措施。经过反复尝试和比对，决定淘汰竹筒管，采用黏合性强、硬化型的胶泥经塑模后高温烧制成的陶瓦管子代替。施工作业中首先开挖沟渠，在底部铺一层坚固的石板，填充泥土埋设陶瓦管道并夯紧后，再在表面覆盖一层石板，采取了具有双重保障的工程保护措施。鉴于烧制陶管的工程量大，劳动力严重不足，苏东坡创造性地采取"以工代赈"方式，既解决了穷人的生计问题，又征集到了大量劳工。同时还动员和组织当地数千名驻军一起参加义务劳动。通过军民一条心，军地齐努力，不但六个水库全部维修完工，而且输水管道也全都更换一新,从此杭州城居民家家户户、老老少少都喝上了干净清洁、甘甜可口的安全水、放心水!大宋达人苏东坡在当时就创建了中国最早的城市自来水供应系统,真可谓功在当代,利在千秋!

作为地方父母官,苏东坡感到了民生的艰难和财政的窘迫的突出矛盾和"手长袖子短"的无奈。"当家才知柴米贵",他除了争取朝廷经费补助,还千方百计地寻求政策支持。他殚精竭虑,开拓创新,想出了一个高招:请示朝廷赐予"度牒"。当时,度僧(即批准出家为僧)之事是由官府掌握并审批,必须经审查合格后,才能核发证明文书,称为度牒。如持有度牒,就可以凭证免除税赋徭役,因此度牒后来还演变为一种有价证券。苏东坡先后申报、获批了由朝廷颁发的三百道度牒,他充分利用这个特许经营权,采取市场化运作方式进行拍卖,每道度牒平均卖到一百七十贯,成功地筹集资金五万一千余贯。

口袋里有钱,心中就不慌!财大气粗的东坡知州解决了浚河开湖、饮水工程等所需资金问题。此外，他还趁米价下跌时大量收购囤积，待价格上扬时又以低于市场价出售，以平抑物价、惠及民众。"重义轻利"、鄙视铜臭的大儒清士苏东坡居然还拥有如此精明的经济头脑、高明的资本运作思维，真可谓融资有方、生财有道！在封建农耕社会的大宋，苏东坡就已经在城市规划建设、运营管理，城市文化品牌的策划与宣传，社会公益慈善事业的兴办，以及民生福祉的改善等方面有如此创举和作为，令人啧啧称奇、叹为观止。他的超前眼光、敏捷思维、勤政务实、斐然政绩，无疑在杭州的历任"市长"中独领风骚，被载入史册、千古流芳。苏堤的杨柳风、三潭的春水绿、赛西子的西湖美、千古的诗词雅，至今仍然令人流连忘返，叫人怎能不忆杭州！

苏东坡在杭州意外地遇到了在黄州结识的老友，时任金山寺主持的了元禅师，也就是民间妇孺皆知的佛印大和尚。佛印是得道高僧，我行我素，不遵清规戒律，不拘寻常一格，自称"酒肉穿肠过，佛祖心中留"！他喜欢吟诗作对、喝酒吃肉，其豁达不羁的性情与苏东坡相投，自然与苏东坡一拍即合，两人既是诗朋，又是酒友。一僧一俗，亦庄亦谐，在民间流传下了许多有趣传说和经典故事。

话说有一天中午，佛印正在禅房偷偷地吃鱼喝酒，突然听说苏东坡来访，他深知这个点来分明就是蹭饭的，于是慌手慌脚地藏酒壶、揣杯子，还顺手把清蒸鱼扣在旁边的磬下面。不一会儿苏东坡就来了，大大咧咧地入座，看到面红耳赤、神色慌张的佛印，吃货的鼻子很快闻出有酒味和鱼香，便心中有数了。当心虚的佛印强装镇定地问："东坡居士所来何事呀？"东坡就将计就计，愁眉苦脸地叹道："我今日偶得一副上联'向阳门第春常在'，但抠破脑壳也没对出下联，故专程来向大和尚讨教！"老和尚心想这种连小孩子都能对出的下联，你个大学士是不是读书读迂腐、变呆了。他不知是计，脱口而出："莫不就是'积善人家庆有余'嘛！"苏东坡立即高兴地跳起来，翘起大拇指点赞道："哎呀，大和尚高，实在是高！你是'积善人家'还是'庆有余'呢！原来你的磬里有鱼啊，那还不赶紧拿出来一起吃呀！"佛印这才恍然大悟，这家伙绕来绕

急流勇退　浮萍小舟

去，就是为了骗鱼吃啊！

古人云："来而不往非礼也！"某日西湖渔民送来几尾鲜活的鲤鱼给苏东坡。好吃嘴的他馋涎欲滴，亲自披挂上阵，小秀厨艺，烹制自己独创的招牌菜——"东坡西湖醋鱼"，并怡然自得地在书房大饱口福、自斟自饮，酒酣兴浓时突然听到窗外熟悉的脚步声，恍惚瞥见佛印的影子。面对不速之客，独自偷吃的东坡十分尴尬，怕大和尚嘲笑他小家子气、不仗义，情急之下，慌慌忙忙地端起鱼盘放在书架上。谁知佛印早看在眼里，但故意揣着明白装糊涂，一进门便彬彬有礼地请教："苏大学士，您姓'蘇'，但这个字比较复杂，怎样写才算正确、规范呢？"东坡一听这和尚明显是装傻充愣，肯定不怀好意，但又不知他葫芦里卖什么药！因为问是自己的本姓，不能说不懂，更不便开玩笑。只能硬着头皮，认真地一边写还一边说："'蘇'字草头下面，左边是鱼，右边是禾。"佛印接着反问："如果把鱼放在右边呢？"东坡捋了捋胡子笑道："这也是'蘇'字的另一种写法嘛。"此时佛印一翻白眼，皮笑肉不笑地问："请问苏大学士，那如果把鱼放在上面，那它还是不是'蘇'呢？"东坡一听就急了，赶紧摇头，连忙摆手："胡说，哪有这种写法！"佛印便满脸坏笑地指着书架上的鱼盘子说："那还不赶快把鱼拿下来！"东坡此时才如梦初醒，方知自己也被佛印套路了，一不小心就中了计。二人不禁拍手大笑，嘬鱼啖肉，开怀畅饮。

元祐六年（1091年）一月，诏谕苏东坡任吏部尚书，后因苏辙将任尚书右丞，为回避亲嫌，三月二十八日改以翰林学士奉旨回朝，不久再任知制诰，兼侍读。苏东坡不得不再别杭州，泪洒西湖，钱塘父老扶老携幼，倾城相送。出人意料的是，两兄弟双喜临门、齐头并进，同时进入政治核心。此时苏辙更是如日中天，不久又升任门下侍郎，职同副宰相，颇具权势。苏东坡兄弟位高权重，才能出众，成为北宋政坛最耀眼的双星、史上最强的兄弟组合。

"木秀于林，风必摧之；堆出于岸，流必湍之；行高于人，众必非之。"此等情形，如何不令人眼红耳赤、妒火中烧。朝中的殿中侍御史杨畏（绰号

"杨三变"，反复无常）等人无中生有，造谣污蔑，狂泼脏水。山雨欲来风满楼，乌云压城城欲摧。苏东坡感到来者不善，形势严峻。为保全苏辙，苏东坡决意以退为进，干脆惹不起就躲，三番五次恳请外放。太皇太后宅心仁厚，最终没有强人所难，同意了苏东坡的请求。不久苏东坡以龙图阁学士身份，出任颍州（今安徽阜阳）知州。短暂的颍州为官期间，他也对该州（包括后来的惠州）西湖进行了综合整治，足见东坡先生一生对西湖的确情有独钟。半年后他又改调扬州。

元祐七年（1092年），苏东坡奉旨调任兵部尚书，三个月后又改任礼部尚书，风生水起，鸿运当头，但乐极生悲，天有不测，他的第二任妻子王闰之此时不幸去世。王闰之陪伴苏轼历经"乌台诗案"、黄州贬谪，与之风雨同舟、患难与共长达25年，直至生活渐趋安稳。苏东坡扼腕叹息，痛心不已。屋漏偏逢连夜雨，船破又遇顶头风。更令人愤慨和雪上加霜的是，此时竟有歹毒小人乘人之危，大肆诬告诋毁他。东坡伤心失望之下，再次乞请外放，终于获准任河北定州知州。始料未及的是，母仪天下，对东坡宽厚仁爱的太皇太后不久寿终正寝。他又一次失去了幸运女神的眷顾。也许这就是命中注定，天意安排！

一蓑烟雨 江海余生

一蓑烟雨　江海余生

元祐八年（1093年），十八岁的宋哲宗亲政，改元"绍圣"。这是一个十岁即位，在祖母的严厉管教下长大，以东坡等在内的元祐重臣严格督导和苦谏约束下成熟的叛逆青年。如今大权独揽，一言九鼎。为了发积压怨气，泄心中愤懑，他置苍生社稷于不顾，视法规纲纪为儿戏，悍然将祖母施行的政纲全盘推翻，对时用朝廷重臣一概废斥。亲政仅半年，在"杨三变"（杨畏）的推荐下，他任用当年变法失败后被贬谪多年的章惇为宰相。作为当年变法的重要人物，被打入冷宫后一直怀恨在心、藏器伺机的章惇，如今咸鱼翻身、得志猖狂，助纣为虐，疯狂报复。

章惇煞费苦心地罗列出了一个三百多人的元祐党人黑名单，苏东坡不仅榜上有名，而且名列第一，因此，首当其冲的就是东坡。很快，朝廷一纸调令将苏东坡从定州贬到关山迢递的英州（今广东英德）任知州，北宋最早的"南下干部"东坡长途跋涉，人困马乏，途中走了四个月，人还没有到，一道又一道贬官的圣旨又接踵而来、一路追随，直至将他被贬为宁远军节度副使，在惠州安置。职务越贬越低，路途愈来愈远。东坡由北至南，从定州辗转至惠州，一千五百里；由从二品封疆大吏，一贬再贬，直到再次被贬至从八品，而且还属于被监管的罪臣。苏东坡又一次从神坛跌落，从终点又回到黄州时的起点。由于惠州地处岭南，山高路远，瘴气弥漫，古时被视为南蛮荒地，此行前途凶险，生死难测，所以东坡只带了侍妾朝云和幼子苏过前往。

东坡自题职务：
宁远军节度副使惠州安置[①]

绍圣元年（1094年），苏东坡走过千山万水，历尽千辛万苦，终于抵达荒僻的惠州。苏东坡之所以被贬惠州，其实是曾经的老朋友章惇心怀不轨、暗施手段。此时担任提点广南东路刑狱的是东坡的亲戚兼宿仇程之才。苏程两家本是姻亲，程之才不仅是东坡的表哥，同时还是姐夫。东坡姐姐嫁入程

---

① 该碑位于惠州东坡纪念馆内。

家后因婆媳关系紧张，郁郁寡欢，芳华早逝，苏老泉一怒之下，断绝两家关系，从此两家反目成仇，形同陌路。

东坡到惠州后，连忙修书一封，详解原委。加之他们都共同感怀敬重程夫人——东坡的母亲，亦是程之才的姑妈兼岳母，血浓于水，骨肉相连，感恩化怨，二人冰释前嫌，化干戈为玉帛。此后，两老表惺惺相惜，成为至交好友。程之才对流落异乡、狼狈落魄的东坡表弟倍加关怀，大开方便之门。刚直不阿、两袖清风的东坡也终于明白在困境中需借助外力的道理，他抓住千载难逢的机遇，借助程之才的权力和支持，积极建言献策，以权谋事、为民谋利，不遗余力地在当地修桥、引水，做了很多实事和好事。章惇弄巧成拙，适得其反。他以小人之心度君子之腹，低估了人性的善良、人格的高尚和胸襟的宽旷。

地处亚热带的岭南，四季常青，物产丰富，水果繁多，东坡作为内地人大开眼界，眼花缭乱，目不暇接。他惊叹*"岭南万户皆春色"*，每年六月份就能品尝到刚采摘的荔枝，而且还带雨披露，远比当年经大唐特快专递直达长安供杨贵妃专享的荔枝新鲜多了，惠州荔枝红润饱满、酸甜多汁，令人咂嘴舔唇，回味无穷！他一边吃荔枝，还一边自吟自乐："日啖荔枝三百颗，不辞长做岭南人。"[①] 据考证，一颗荔枝重约 25 克，三百颗荔枝，足足有 15 斤之多。为了一饱口福，东坡也是拼了，他是真不怕上火、不虚长痘痘啊！

初到惠州，苏轼生活拮据。他在写给苏辙的信中"吐槽"说，当地市场上羊肉不仅贵而且少，都让当官和有钱的人买完了，因此自己只能买点别人不要、形同鸡肋的羊脊骨。但回家以后的"神操作"令人叫绝：他将羊蝎子先煮熟，拿酒淋一下，蘸点盐巴，再烤到微焦，剔下肉丝来一点点吃，觉得比螃蟹还鲜美！连骨头都被啃得干干净净，只是害得在旁望眼欲穿、垂涎三尺，等着啃骨头的狗狗不太开心了，汪汪大叫，强烈抗议！

在东坡的眼里，快乐其实就是这么简单！世间缘何不快乐，并非因为快乐少了，而是欲望太多

---

① ［宋］苏轼：《惠州一绝》。

了。"天下熙熙，皆为利来；天下攘攘，皆为利往"，世人在物欲横流、追名逐利中迷失了自己，沦陷了自我。镜花水月，黄粱一梦，赤条条来又赤条条去，到头来无非一场空。看得穿、悟得透、想得开的东坡先生感慨："**蜗角虚名，蝇头微利，算来着甚干忙。**"① 世界上只有一种英雄主义，就是在看清生活的真相之后，依然热爱生活。东坡先生就是这样的真英雄！在经历人生的大起大落、大彻大悟后，他认为"**浮名浮利，虚苦劳神**"，富贵不过是过眼云烟，功名最终也将如浮云般缥缈。"**庐山烟雨浙江潮，未至千般恨不消。到得还来别无事，庐山烟雨浙江潮。**"在历经风霜、放弃执念、顿悟人生、大梦初醒后，最终"见山还是山，见水依旧是水"，庐山的烟雨终究还是这般的烟雨，而浙江的潮水也依然是如此的潮水！他感悟人生转瞬即逝，犹如一条不能回头的单行道，"**叹隙中驹，石中火，梦中身**"，因此应"**且趁闲身未老，须放我、些子疏狂**"！穷困落魄到吃不起羊肉只能啃光

---

① ［宋］苏轼：《满庭芳·蜗角虚名》。

骨头，但他依然苦中作乐，还吃得有滋有味，甚至还能从中咀嚼品尝出螃蟹般的鲜香，这种自嘲式的调侃、自恋般的晒苦、自我救赎的乐观、自渡苦难的从容，足以彰显东坡先生强大的内心、坚忍的意志、旷达的胸襟、无畏的精神和高贵的灵魂！

在惠州，闲来无聊时，东坡常抚琴，朝云伴唱《蝶恋花·春景》："花褪残红青杏小。燕子飞时，绿水人家绕。枝上柳绵吹又少，天涯何处无芳草……"为东坡聊天解闷，释愁解怀，动情处，朝云泪如雨下，不能自已。而东坡亦然，执手相看，无语凝噎。后来朝云因感染疟疾不幸病逝，年仅三十四岁。红颜知己，薄命红颜，东坡痛失至爱，肠断天涯。哀如心死的东坡将朝云葬在惠州西湖孤山栖禅寺之东南，还专门为潜心礼佛、静心修行的朝云亲书墓志铭，曰："浮屠是瞻，伽蓝是依；知汝宿心，惟佛之归。"他还在墓前修筑"六如亭"以作纪念，并致挽联悼念："不合时宜，惟有朝云能识我；独弹古调，每逢暮雨倍思卿。"若干年以后，后人在此题写的一副对联更是对这对忘年之交、精神伴侣的人生总结和灵魂升华："如梦如幻如泡如

影如露如电，不增不减不生不灭不垢不净！"

苏东坡、王朝云雕塑（惠州）

从此苏东坡借酒浇愁，长夜漫漫，"暮鼓朝钟自击撞，闭门孤枕对残红"。他常常辗转反侧，一夜无眠，天亮才勉强入睡。贴心的童子专门提醒旁边道观的道士们打更时千万轻点，免得打扰先生的清梦。"报道先生春睡美，道人轻打五更钟。"这首诗后来传到京师，被文人歌伎广为传播。大宰相章惇听闻，脸都气绿了，肺也气炸了！居然还有苏东坡这种油盐不进的老油条、死不悔改的方脑壳，都被整到这般地步了，他还能够活得如此潇洒逍遥，神气活现！章惇暴跳如雷、捶胸顿足，阴憋出了一个狠招毒计。你老苏既然号称才子，那就陪你玩玩文字游戏！"你既然字子瞻，'瞻''儋'近似，那就把你流放儋州，这下让你再折腾，不信还熬不死你！"

儋州位于海南，远离大陆，孤悬茫茫大海。当时蛮荒偏僻，当地以黎族民众居多，尚未开化。与今天的国际旅游岛自然无法相提并论，实为云泥之别。东坡先生被贬至此就已经到尽头了！因为在不杀文人士子的宋朝，最严厉的惩罚，莫过于流放。而流放儋州，已经是天之涯、海之角，因此苏东坡成为宋朝三百年流放海南第一人，也是唯一一人，前无古人，后无来者，创下了大宋官员被贬谪流放距离最远的历史纪录！

绍圣四年（1097年），已年过六旬、年迈体衰的苏东坡在儿子苏过的陪同下，冒着酷暑，辗转舟车，一路风尘，踏上了人生最后一次贬谪之路。"某垂老投荒，无复生还之望"，也许这将是一条不归之路。当时从惠州到海南，必须溯西江而上，舟行数百里到广西梧州，然后南转，从雷州半岛渡海。十分庆幸和惊喜万分的是在梧州附近的藤州，苏东坡见到了牵肠挂肚、朝思暮想的好兄弟子由。因宋哲宗亲政后要恢复"熙宁新法"，苏辙上书坚决反对，直言相谏，由是获罪，惨遭几轮贬谪，现已被贬为化州别驾，安置于雷州。

同命两昆仲，共赴贬谪途；他乡遇至亲，兄弟血脉连。二人分外激动，彻夜长谈，抵足而眠。子由一路陪同兄长，长亭复短亭，一直送到雷州海边。这一别，或许今生今世再难见面，既是生离也有可能是死别。临别之际，东坡和弟弟抱头痛哭，依依不舍，心痛如割。伫立船头，东坡久久挥手，子由的身影逐渐模糊，直至消失在海岸线，他才怅然若失、失魂落魄地返回船舱。海浪触动着他内心的隐痛，海风吹干他纵横的老泪。谁都没有料到，这竟然真的是兄弟二人的最后一次见面。

七月初二，东坡父子终于抵达儋州。当时的儋州属典型的老少边穷地区，当地以黎族为主，黎汉杂居，偏僻贫穷，刀耕火种，物资匮乏、经济落后、文化蒙昧、百姓穷苦。尽管苏东坡来时已有充分的思想准备，能够想到这个地方条件艰苦，但没有想到竟如此艰苦！本是"三无（无职、无权、无钱）人员"的他形容此地竟然还有"六无"："食无肉，病无药，居无室，出无友，冬无炭，夏无寒泉。"[1]但经历过生死轮回，看淡人生的东坡却满不在乎："天地在积水之中，九州在大瀛海中，中国在四海中。"不外乎一个是大岛，一个是小岛而已！在哪里不是头顶同一片中华的蓝天，脚踏同一方华夏的黄土？在荒凉的儋州、闭塞的岛屿，曾身为朝廷要员、大学士苏东坡的到来成为全岛的头号新闻，大家都觉得新鲜稀奇。儋州知州张中，文武双全，久仰东坡大名，经常过来拜访并送吃送喝，两人一见如故，成为要好的棋友。当地一些文化名流、秀才书生等也时常上门讨教交流，一时间东坡的陋室"桄榔庵"竟门庭若市，人气爆棚。

地皮踩热、环境熟悉后，东坡逐渐看清了当地的现状和存在的问题，不由得暗暗着急。百姓大都目不识丁，憨厚但愚钝，以打猎为生，不善耕种，风俗传统，愚昧落后。当地长期存在一些千奇百怪

---

[1] ［宋］苏轼：《与程全父十七首之十三》。

的现象"坐男使女"(即男人在家带孩子,女人包揽所有农活和家务)风俗,还有生病不求医问药,而是靠"杀牛祭巫"等习俗。观念不变,习俗不改,文化不兴,经济不活,民风不转,儋州将永远贫穷落后,永无出头之日。深研医学理论、悬壶济世的"东坡医生"把准发展脉搏,找准问题症结,开出"儋州药方",于是马不停蹄,带领当地官员和群众开启了旷古未有的"精准脱贫攻坚"工作。

他积极向知州张中建言献策,由政府出面牵头,发动各界人士和民众广泛参与,多措并举,打出重拳和组合拳,统筹实施了一系列扶贫工程:劝课农桑,教民耕种;举办学堂,大兴学风;教化民众,移风易俗;行医就诊,救死扶伤;著书立说,传承文化。万事开头难,改革尤维艰。精诚所至,天道酬勤,儋州风气为之一新,焕发勃勃生机,惠及广大百姓,福泽子孙后世。在东坡离开海南北归后不久,这里就破天荒地诞生了海南历史上第一位举人姜唐佐与第一位进士符确,打破了海南地区在大宋百年未有进士之纪录。欣闻喜讯后,东坡心潮起伏,欣然题诗:"沧海何曾断地脉,珠崖从此破天荒。"因此苏东坡也被后世尊崇为儋州文化的开拓者、播种人。

东坡井遗址（儋州）

苏东坡历史文化艺术馆（儋州）

一蓑烟雨　江海余生

初到岛上时，生活的贫苦对苏东坡来说无足轻重，最苦恼的是无书可读。东坡深知"书非借不能读也"的道理，于是就和儿子一道借书来抄，父子之间还搞竞赛。他以苦为乐，乐在其中。他在写给朋友的信中说道："儿子比抄得《唐书》一部，又借得《前汉》欲抄，若了此二书，便是穷儿暴富也，呵呵。"[1] 这里居然出现了现代时髦的网络语言"呵呵"！据统计，苏东坡留下一千多封长短不一的书信中，使用"呵呵"竟多达四十多处。比如给陈季常的信中"一枕无碍睡，辄亦得之耳，公无多奈我何，呵呵"。"呵呵"二字，简练直白，妙趣横生。因此有人调侃说苏东坡简直是网络语言的祖师爷！

在"百物维艰"的儋州，东坡刚解决读书难的问题，又有一个新问题出现了：岛上墨汁稀缺。他的书风姿媚肥腴，又黑又浓，虽是书法精品，就是太费墨了！加之他还写诗、作画、著书，对墨的需求量很大。虽然内地好友偶有相赠，但鞭长莫及、

---

[1] ［宋］苏轼：《答程全父推官六首（之五）》。

杯水车薪，他十分担心墨汁供应断货，因此急得团团转，唠唠叨叨地对儿子说："吾平生无嗜好，独好佳纸墨……佳纸墨行且尽，至用此等，将何以自娱？"①

既然远水解不了近渴，求人不如求己，何不自力更生！闲居物究理之精，一生都喜好钻研、极富独创精神的"发明家"苏东坡迫于无奈，决定亲自动手试制。他广泛查找资料，研究配方，带领苏过跋山涉水，寻找原料，欣喜地发现海南多松，尝试用其制墨，"松多故煤富，煤富故有择也"。视墨如命的苏东坡一头扎进灶房，夜以继日，经常"满面尘灰烟火色，两鬓苍苍十指黑"！功夫不负有心人，东坡先生终于制成了时硬时软的墨块、时浓时稀的墨水，虽不稳定可靠，但好歹也算成功了！他自鸣得意地写了篇短文《书松》，文章问世不久，引起了文坛轰动，也引来了一位特殊客人。

苏东坡在杭州时的一位老朋友，浙江金华人、制墨名家潘衡，千里跋涉、专程来访。东坡喜出望

---

① ［宋］苏轼：《付过二首（其二）》。

外，毫无保留、诲人不倦地指导潘衡；耳提面命，传授自己独创的"远突宽灶"绝招，即"作远突宽灶，得烟几减半，而墨乃尔"①，此法获得的松烟虽减少了一半，可得到的墨却更精细了。

潘衡受益匪浅，不虚此行，迫不及待地赶回家里，马上组织生产，很快推出了全新产品"东坡墨"。他四处宣扬，此墨系东坡独家秘方，精制而成，而且东坡先生的很多传世之作皆用此墨所书。一霎时，"东坡墨"的美名迅速传遍大江南北，身价倍增，奇货可居，一墨难求。据大宋词人叶梦得《避暑录话》记载："宣和初，有潘衡者，卖墨江西，自言尝为子瞻造墨海上，得其秘法，故人争趋之。"

从此，东坡一发不可收拾，再接再厉，不断探索，改良工艺，提升品质，在原有松油加牛皮胶配方的基础上，又尝试添加海南特有的植物香料如沉香等。《儋县志》记载东坡的新法："每笏用金花胭脂数饼，故墨色艳发，胜用丹砂也。"这充分证明

---

① ［宋］苏轼：《书潘衡墨》。

东坡先生在制墨上已经取得了突破性进展和巨大成功！

元符二年（1099年）腊月的一个深夜，"墨灶火发，几焚屋，救灭，遂罢作墨"。东坡先生小墨坊发生火灾，浓烟滚滚，火光冲天，苏过和乡亲们手忙脚乱地把东坡从灶屋里架出来。此时的东坡须发焦曲，蓬头垢面，狼狈不堪，好在救火及时，万幸没有受伤，但唯一的落脚之处"桄榔庵"差点就被烧得精光。后来整理现场时，无意间清扫收集到大量墨灰，足足装了几麻袋，刚捡回一命，无家可归的东坡看到后，手舞足蹈，激动地嚷道："制墨有着落啰！"东坡制墨失火，这起封建社会小作坊私自生产引发的安全生产事故，却成为中国制墨史上的一个滑稽有趣的故事。

一蓑烟雨　江海余生

桄榔庵遗址纪念碑（儋州）

当时儋州物资奇缺，生活清苦，本地人一日三餐以芋头、白开水为主，作为资深美食家、舌尖艺术家的东坡难以下咽，直冒清口水。在食欲的诱惑和味蕾的抗议下，他开动"吃货"脑筋，四处寻找食材。反复比对尝试后，还真让他找到了一道当地盛产却鲜有人问津的美味——生蚝。清蒸、水煮、烧烤，蒜蓉味、麻辣味！他食不厌精、脍不厌细，亲自操刀，狼吞虎咽，吃得油手抹嘴，不亦乐乎，甚至还有点乐不思蜀。一边吃，还一边不忘给儿子打招呼:"迈儿啊,生蚝太美味了!咱可千万别让京城那帮人晓得了,不然他们万一来抢,咱爷儿俩就没得搞头了!"

儋州烤生蚝

元符三年(1100年),宋哲宗驾崩,徽宗即位,皇太后听政,大赦天下,一生都极具太后缘的苏东坡的霉运也终于结束,苦尽甘来了!在向太后的关照下,苏东坡接到诏命,以琼州别驾的身份,移廉州安置。千里放逐,海天尽头,三年苦旅,终于得以北归。临别之际,十里长堤,儋州百姓拖儿带女,沿途相送,争相馈遗。苏东坡百感交集,感慨万千,"九死南荒吾不恨,兹游奇绝冠平生"[①]!

---

① [宋]苏轼:《渡海》。

这就是史上最强的乐天派苏东坡,九死未悔的极边流放,在他眼里竟成了父子二人的海南千日"自助游",简直让人哭笑不得,同时也由衷敬佩!"生活以痛吻我①,我却报之以歌!"如今终于熬出了头,风水轮流转,真让人感慨唏嘘。

当年从定州被贬,连续三道诏令,处分一次比一次严重;而今从儋州放还,也是连续三道诏令,却一次比一次优待。刚到廉州,东坡又被改授舒州团练副使,在永州安置;行至英州,诏命又敕授他为朝奉郎,提举成都玉局观,可随意选择居住之地。

北返途中,东坡十分纠结于安身休憩之所,其实内心最想归依之处还是家乡眉州。在途经真州时,应朋友之邀,东坡顺道游览了金山寺,在寺中的墙壁上,他意外地看到了多年前老友、著名画家李公麟即兴为他画的一幅肖像。沧海桑田,物是人非,春梦无痕,昙花一现。苏东坡提笔在旁伤感地

---

① 其实用"吻"字比喻太轻了,东坡所承受的那种生不如死的痛苦,用"咬"来形容都不过分。

写下："心似已灰之木，身如不系之舟，问汝平生功业，黄州惠州儋州。"回首一生，他最得意和欣慰的并非居庙堂之高、大权在握的辉煌，而是三个被贬谪的伤心之地、绝地重生的涅槃之处、苦难辉煌的成就之所！

苏轼《自题金山画像》（诗碑）

由于舟行水路，行进缓慢，风餐露宿，湿热交织，风烛残年、心力交瘁的苏东坡染病卧床。当船行至靖江时，收到一位特殊的客人——章惇之子章援的来信。当年苏东坡任主考官时，曾以第一名的成绩录取了章援,按规矩章援应算是东坡的门生。"天道好轮回,苍天饶过谁",彼时章惇因作恶多端,恶有恶报,居然也被贬至雷州。当地百姓痛恨其为人,连房子都不肯租给他,他活脱脱成了耗子过街,人人喊打的对象。章援知道父亲的所作所为,担心获赦的苏东坡复出掌权后以牙还牙,报复其父亲,便乞请原谅。东坡淡淡一笑,回信:"某与丞相定交四十余年,虽中间出处稍异,交情固无所增损也……但以往者,更说何益?"听闻章惇有病,东坡还亲自开药方,随信寄去了几服中药。君子之风,山高水长!有容乃大,以德报怨!东坡的胸襟气度令人肃然起敬!

当苏轼途经常州进入大运河时,四方百姓听闻,奔走相告,如潮涌般奔向两岸,万人空巷,盛况空前,热烈欢迎苏东坡千里归来,争睹这位大宋最著名的大学士的风采。是日,东坡身体稍有恢复,不敢怠慢,乃"着小冠,披半臂,坐船中",强撑病体,不停地向乡亲们拱手致谢。随后东坡"热毒转甚,诸药尽却"。建中靖国元年七月十八日(1101年8月14日),自知油尽灯枯的苏东坡在弥留之际把三个儿子叫到床前，气息微弱、语气坚定地说："吾生无恶，死必不坠。"他一生没做过任何坏事，所以相信死后自然也不会下地狱。8月24日（农历七月二十八），苏东坡溘然长逝，撒手人寰。噩耗传来，天地同悲。"吴越之民，相与哭于市"，东坡学生李廌悲痛地挽悼："道大不容，才高为累。"据说这天夜里，千里之外的家乡，那荒芜了几十年的彭老山一夜之间如沐春风，万木吐翠！

遵照苏东坡生前遗嘱，苏辙和苏过将其灵柩运至河南汝州郏城县钧台乡上瑞里的小峨眉山，圆了他与王闰之同穴而葬之愿。苏辙亲自为哥哥题写墓志铭："见善称之，如恐不及，见不善斥之，如恐不尽，见义勇于敢为，而不顾其害。用此数困于世，然终不以为恨。孔子谓伯夷、叔齐古之贤人，曰'求仁而得仁，又何怨'。公实有焉。"知兄莫若弟，晓轼莫如辙，这应该是对苏东坡盖棺论定，最客观和权威的评价吧！

苏东坡为什么会选择汝州郏城县作为安葬之地呢？其实他最魂牵梦萦的还是家乡，但身为贬官，经济拮据，加之路途遥远，难以成行，只能作罢。

原来多年以前，苏辙曾在汝州担任知州，苏东坡在被贬英州的途中顺道来看望兄弟，苏辙异常欣慰，兴致勃勃地带领东坡在汝州四处游览观光。郏城县地属汝州，自古就有"龙凤宝地"之美称，黄帝钧天台更是天下闻名。兄弟二人登临钧天台，远眺嵩山，无意间发现其余脉"状若列眉"，山形酷似家乡的峨眉山，而且非常巧合的是该处山脉居然也叫小峨眉山，于是兄弟俩欣然决定将此处作为二人百年以后的归宿地，所以也算心理安慰，暂了思乡情结。

东坡墓（河南郏县）

烟雨东坡

苏东坡的坟头正对着郏县小峨眉山,墓园里的上百株古柏①似乎也深解和同情东坡的刻骨乡愁和似箭归心,整齐划一地向西南方向——他的故乡的方向生长倾斜,而远方的更远方,远处的更远处则是家乡的峨眉山。千年漂泊的游子呀,父老乡亲期盼的赤子哟!高耸巍峨的峨眉山眺望等候着你,滔滔岷江日夜呼唤着你,唤鱼池的鱼儿期待着你的相约,短松岗的明月照亮你归途,故乡的海棠今春为你盛开,老宅的荔枝盛夏又为你红透!

子瞻叶落归根,东坡魂兮归来!

---

① 后人被这些善解人意的古柏所感动,亲切地称它们为"思乡柏"。

附录

附　录

一、苏东坡人生行迹图

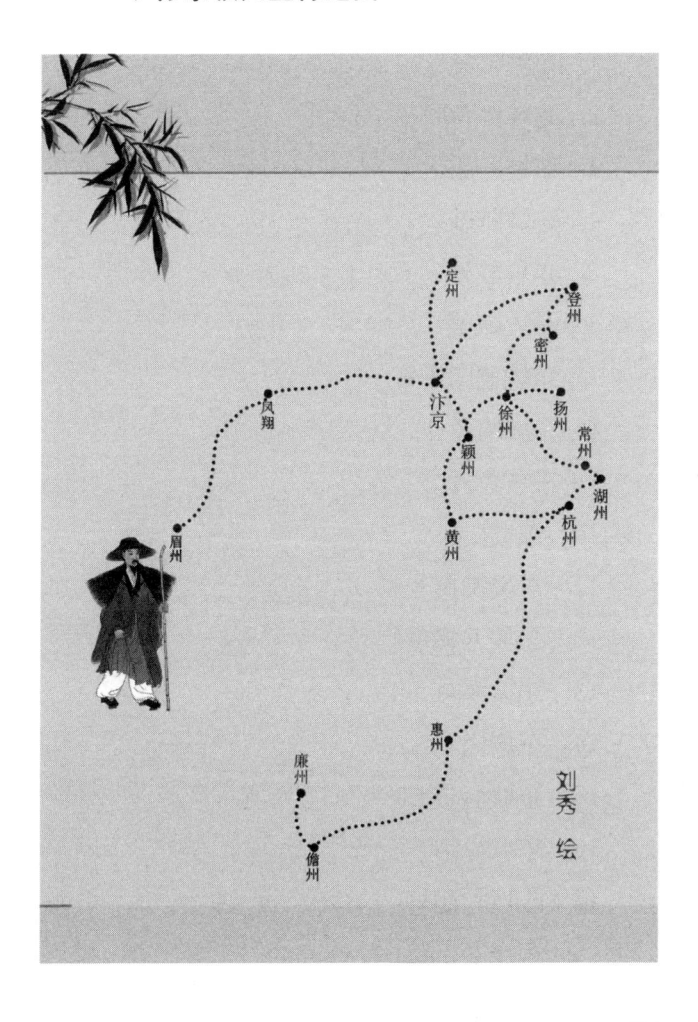

二、与苏东坡有关的 66 道经典美食

1. 东坡鲜蚝
2. 东坡鲈鱼脍
3. 东坡河豚
4. 东坡蚌脯
5. 东坡醉蟹
6. 东坡海螯
7. 东坡通印子鱼
8. 东坡腌鱼
9. 东坡鱼片
10. 东坡墨鱼
11. 东坡鳊鱼
12. 东坡五柳鱼
13. 东坡鳜鱼
14. 东坡肉
15. 东坡肘子
16. 东坡兔肉
17. 东坡煮鹅
18. 东坡蒸子鹅

19. 东坡燋盐羊骨
20. 东坡猪颈肉
21. 东坡蒸羊羔
22. 东坡盐蛹
23. 东坡黄鸡粥
24. 东坡牛尾狸
25. 东坡血肠
26. 东坡僧爽白鸡
27. 东坡蜜酒
28. 东坡豆腐
29. 东坡春鸠脍
30. 东坡凉粉
31. 东坡饼
32. 东坡酥
33. 东坡炸牡丹
34. 东坡茄子
35. 东坡泡菜
36. 东坡烧卖
37. 东坡烧笋
38. 东坡蓼茸

39. 东坡冰藕
40. 鸡苏薄荷
41. 东坡芥蓝
42. 东坡元修菜
43. 东坡春莼
44. 东坡春笋
45. 东坡芦笋
46. 东坡三白饭
47. 东坡为甚酥
48. 东坡蔓馒头
49. 东坡槐芽饼
50. 东坡盘游饭
51. 东坡笋饼
52. 东坡二红饭
53. 东坡青蒿凉饼
54. 东坡咕咚羹
55. 东坡葵羹
56. 东坡豆乳
57. 东坡玉糁羹
58. 东坡羹

59. 东坡豆粥

60. 东坡姜茶汤

61. 东坡薤头粥

62. 东坡菜羹

63. 东坡枳枸汤

64. 东坡荠菜羹

65. 东坡黄荠粥

66. 东坡诸葛菜羹

三、与苏东坡有关的 32 个成语

1. 令人喷饭

2. 雪泥鸿爪

3. 胸有成竹

4. 河东狮吼

5. 取之不尽，用之不竭

6. 出人头地

7. 明日黄花

8. 诗中有画，画中有诗

9. 铁板铜琶

10. 人生如梦

11. 俗不可医
12. 浓妆淡抹
13. 春梦无痕
14. 海屋添筹
15. 百读不厌
16. 不时之需
17. 二八佳人
18. 化为乌有
19. 环肥燕瘦
20. 江山如画
21. 龙肝凤髓
22. 庐山真面目
23. 蝇头微利、蜗角虚名
24. 物各有主
25. 坚韧不拔
26. 难能可贵
27. 清风徐来,水波不兴
28. 聪明反被聪明误
29. 沧海一粟
30. 对床夜雨

31. 水落石出

32. 羽化登仙

四、苏东坡经典诗词 50 处金句

1. 人有悲欢离合，月有阴晴圆缺。(《水调歌头·明月几时有》)

2. 但愿人长久，千里共婵娟。(《水调歌头·明月几时有》)

3. 世事一场大梦，人生几度秋凉。(《西江月·世事一场大梦》)

4. 休对故人思故国，且将新火试新茶。诗酒趁年华。(《望江南·超然台作》)

5. 人生如逆旅，我亦是行人。(《临江仙·送钱穆父》)

6. 拣尽寒枝不肯栖，寂寞沙洲冷。(《卜算子·黄州定惠院寓居作》)

7. 清风徐来，水波不兴。(《赤壁赋》)

8. 纵一苇之所如，凌万顷之茫然。(《赤壁赋》)

9. 寄蜉蝣于天地，渺沧海之一粟。(《赤壁

赋》)

10. 殷勤昨夜三更雨,又得浮生一日凉。(《鹧鸪天·林断山明竹隐墙》)

11. 枝上柳绵吹又少,天涯何处无芳草。(《蝶恋花·春景》)

12. 竹外桃花三两枝,春江水暖鸭先知。(《惠崇春江晚景二首》其一)

13. 春宵一刻值千金,花有清香月有阴。(《春宵》)

14. 心似已灰之木,身如不系之舟。(《自题金山画像》)

15. 人生到处知何似?应似飞鸿踏雪泥。(《和子由渑池怀旧》)

16. 小舟从此逝,江海寄余生。(《临江仙·夜归临皋》)

17. 会挽雕弓如满月,西北望,射天狼。(《江城子·密州出猎》)

18. 何日功成名遂了,醉笑陪公三万场。(《南乡子·和杨元素时移守密州》)

19. 休言万事转头空,未转头时皆梦。(《西江

月·平山堂》)

20. 人似秋鸿来有信，事如春梦了无痕。(《正月二十日与潘郭二生出郊寻春忽记去年是日同至女王城作诗乃和前韵》)

21. 谁道人生无再少？门前流水尚能西！(《浣溪沙·游蕲水清泉寺》)

22. 人间有味是清欢。(《浣溪沙·细雨斜风作晓寒》)

23. 几时归去，作个闲人。对一张琴，一壶酒，一溪云。(《行香子·述怀》)

24. 不识庐山真面目，只缘身在此山中。(《题西林壁》)

25. 江山风月，本无常主，闲者便是主人。(《临皋闲题》)

26. 欲把西湖比西子，淡妆浓抹总相宜。(《饮湖上初晴后雨二首·其二》)

27. 竹杖芒鞋轻胜马，谁怕？一蓑烟雨任平生。(《定风波·莫听穿林打叶声》)

28. 回首向来萧瑟处，归去，也无风雨也无晴。(《定风波·莫听穿林打叶声》)

29. 十年生死两茫茫，不思量，自难忘。(《江城子·乙卯正月二十日夜记梦》)

30. 且趁闲身未老，尽放我、些子疏狂。(《满庭芳·蜗角虚名》)

31. 但屈指西风几时来？又不道流年暗中偷换。(《洞仙歌·冰肌玉骨》)

32. 欲寄相思千点泪，流不到，楚江东。(《江城子·恨别》)

33. 人生如梦，一尊还酹江月。(《念奴娇·赤壁怀古》)

34. 高处不胜寒。(《水调歌头·明月几时有》)

35. 一年好景君须记，正是橙黄橘绿时。(《赠刘景文》)

36. 明月几时有，把酒问青天。(《水调歌头·明月几时有》)

37. 大江东去，浪淘尽，千古风流人物。(《念奴娇·赤壁怀古》)

38. 一池萍碎。春色三分，二分尘土，一分流水。(《水龙吟·次韵章质夫杨花词》)

39. 细看来，不是杨花，点点是离人泪。(《水

龙吟·次韵章质夫杨花词》)

40. 蜗角虚名，蝇头微利，算来著甚干忙。(《满庭芳·蜗角虚名》)

41. 酒酣胸胆尚开张，鬓微霜，又何妨！(《江城子·密州出猎》)

42. 一点浩然气，千里快哉风！(《水调歌头·黄州快哉亭赠张偓佺》)

43. 百年里，浑教是醉，三万六千场。(《满庭芳·蜗角虚名》)

44. 水光潋滟晴方好，山色空蒙雨亦奇。(《饮湖上初晴后雨二首·其二》)

45. 黑云翻墨未遮山，白雨跳珠乱入船。(《六月二十七日望湖楼醉书》)

46. 且夫天地之间，物各有主，苟非吾之所有，虽一毫而莫取。(《赤壁赋》)

47. 惟江上之清风，与山间之明月，耳得之而为声，目遇之而成色，取之无禁，用之不竭。是造物者之无尽藏也，而吾与子之所共适。(《赤壁赋》)

48. 粗缯大布裹生涯，腹有诗书气自华。(《和董传留别》)

49. 宁可食无肉，不可居无竹。(《於潜僧绿筠轩》)

50. 到得还来别无事，庐山烟雨浙江潮。(《观潮》)